RETIREMENT

退休法律制度研究

张凌竹 ◎ 著

STUDY
ON THE LEGAL SYSTEM OF
RETIREMENT

中国社会科学出版社

图书在版编目(CIP)数据

退休法律制度研究／张凌竹著．—北京：中国社会科学出版社，
2015.12

ISBN 978 - 7 - 5161 - 7441 - 8

Ⅰ.①退…　Ⅱ.①张…　Ⅲ.①退休－劳动法－研究－中国
Ⅳ.①D922.504

中国版本图书馆 CIP 数据核字(2015)第 309628 号

出　版　人	赵剑英
责任编辑	任　明
责任校对	王佳玉
责任印制	何　艳

出　　　版	中国社会科学出版社
社　　　址	北京鼓楼西大街甲 158 号
邮　　　编	100720
网　　　址	http://www.csspw.cn
发　行　部	010 - 84083685
门　市　部	010 - 84029450
经　　　销	新华书店及其他书店

印刷装订	北京市兴怀印刷厂
版　　　次	2015 年 12 月第 1 版
印　　　次	2015 年 12 月第 1 次印刷

开　　　本	710 × 1000　1/16
印　　　张	10.5
插　　　页	2
字　　　数	172 千字
定　　　价	48.00 元

凡购买中国社会科学出版社图书，如有质量问题请与本社营销中心联系调换
电话：010 - 84083683

摘　　要

从 19 世纪末德国建立世界上最早的退休法律制度至今，退休法律制度仅仅走过了百余年的历程。退休法律制度是保障退休者依法退出劳动岗位以后、受领退休金，以维持基本生活并确保退休权得以实现的法律制度。在社会法领域，退休法律制度与劳动法律制度、社会保障法律制度具有紧密的关系。一般而言，退休法律制度应当以追求实质正义与公平为最终目标，并在实践上呈现出倾斜性保护的特点。我国现行退休法律制度经过多年来的发展，已取得较大成就，但仍显不足，尤其其系统性、实效性相当阙如，需要大力完善，以切实改善和保障民生。基于此，本文以退休立法为研究题域，就退休法律制度的系列问题进行了比较深入的研究。全文共分六章，基本内容如下。

第一章是导论。本章首先确定本文的研究对象是退休法律制度的三个基本构造即退休年龄、退休金给付与退休权，并且明确本文的研究目的是在保障和改善民生的基本理念下，研究退休法律制度的基本构造，以期对我国退休法律制度的学理建构与制度实践有所贡献，并凸显本文的问题意识。其次，根据研究的需要，交代了本文拟采用的"总—分"式研究思路和语义分析、价值评判与比较研究等研究方法。最后，指明本文的理论意义与实践价值，即以退休法律制度的研究为核心，关注、推进中国社会法学的发展和相关社会管理制度的创新。

第二章是退休及退休法律制度的一般理论。首先，厘清退休与退休法律制度的基本内涵，阐明退休法律制度与劳动法律制度、社会保障法律制度之间的关系，为全文研究的展开奠定坚实的基础。然后，从两个方面对于退休法律制度的基本构成进行论述：退休法律制度的内容即退休年龄、退休金给付与退休权及其三者之间的重要关系；退休法律关系的构成即退休法律关系之主体、内容与客体三要素。其中，重点分析了退休法律关系的构成：退休法律关系的主体是指依照退休法律规范享有权利和承担义务的主体，主要涉及劳动行政部门与退休费用缴纳者、退休金受领者三方主体。退休法律关系的客体是指退休法律关系双方当事人的权利和义务所指向的对象，即退休金的给付。退休法律关系的内容的讨论主要探讨了退休是权利抑或义务、退休法律关系中权利与义务具有不对等性以及退休权所蕴含的丰富内涵：退休权是社会权，其最基本的权利诉求是退休金给付请求权，退休权也具有平等权的属性，以实现平等价值为目标追寻，并与生存权、工作权关系紧密。以上问题的阐释为退休法律制度的构造奠定了一定的理论基础。

第三章是退休法律制度及其理论基础的变迁。本章将退休法律制度分为萌芽、确立与发展三个重要阶段，集中论述了在退休法律制度的变迁过程中，相应的理论基础的变迁历程：从自由主义的衰退与古典自然法地位的式微到国家干预理论的诞生与社会学法学的盛行再到自由放任与国家干预的有机结合与新自然法学的倡行。对于退休法律制度及其理论基础变迁的研究，将有助于我们准确把握退休法律制度的未来发展趋势及构架，以更好地回应社会经济发展变化的需要。

第四章是制度构造之一：法定退休年龄的确立。本章首先考察了世界各国退休年龄法律调整的变化及其一般规律：大体体现为延迟适格受领退休金的年龄；减少性别歧视，使女性与男性的退休年龄趋于一致；努力在立法上消除年龄歧视；严格限制甚至禁止提前退休；但是在强制退休年龄的废除与否方面，各国尚存差异。其次，从公务员、事业单位工作人员与企业职工的法定退休年龄的不同规定及其由来方面着手，回顾了我国法定退休年龄的制度演进指出了我国目前存在着男女退休年龄不一致、提前退休操作不规范等现实问题及其成因。最后，在此基础上，有针对性地提出了完善我国法定退休年龄的若干对策性建议，即男女退休年龄应当统一，必须制度化规制提前退休的乱象，同时法定退休年龄应当适度推延，而弹性退休制度则必须缓行。

第五章是制度构造之二：退休金给付的法律保障。本章首先从域外视角详细考察了退休金给付法律保障的域外相关制度实践，包括退休金给付从恩惠到契约的机理转换、退休金给付的若干典型模式以及退休金给付的方式差异等。然后，结合本文主题，系统考察了我国现实状况，并指出了我国退休金给付法律保障目前存在的现实问题，主要表现为退休金给付制度供给不足、退休金给付新旧制度更替不畅与退休金给付"双轨制"易导致分配不公平等，进而有针对性地论述了退休金给付法律保障的强化途径，即应探索制定专门性的相关法律；确保新旧退休金制度的有效衔接及融贯；在分配公平的视野下，检视并批判退休金给付"双轨制"。

第六章是制度构造之三：退休权的法律救济。本章首先分析了现行世界各国退休权法律救济的立法模式，包括退休权的宪政救济模式与退休金给付请求权的法律救济模式。然后指出了我国目前存在着退休权法律救济有待立法肯认，退休金给付请求权存有司法救济障碍等现实问题及成因。最后有针对性地提出应当确立新的退休权法律救济的制度设计：肯认退休权的可诉性；充实退休金给付请求权的实体内容，确立退休金给付请求权的要件；在行政保障上充分重视调解员的作用，在司法救济上强调法官行使自由裁量权，以此来完善退休权的保障与救济机制。

经过上面的系统分析，我们得出结论认为，退休法律制度必须大力完善，这既是社会法研究发展的需要，也是当前我国改善和保障民生、促进新时期社会管理创新的必然选择。

关键词：退休；退休法律制度；退休年龄；退休金给付；退休权；法律救济

Abstract

Legal system of retirement has witnessed merely around hundred year's development since the first establishment of its kind in Germany late 19th century. It ensures that retirees would acquire their pensions for basic living and realizes their retirement rights after quitting their jobs, and it is closely connected with legal system of labor and social security in the field of social laws. Generally speaking, legal system of retirement is in pursuit of the ultimate goal of actual fairness and justice with tendentious protection. After years of development, the current legal system of retirement in China has had great achievements, although there are still deficiencies, especially in its systematicness and effectiveness, which require melioration in order to feasibly protect people and improve people's living condition. Based on these conditions, this thesis studies the retirement legislation, making profound analysis on many aspects of legal system of retirement. It is composed of six parts, as follows:

The first chapter is introduction. It firstly points out the subjects of this thesis are constituents of legal system of retirement, which are retirement age, pensions, and retirement right and remedies, and makes clear the purpose of this thesis based on the basic concept of protecting people and improving people's living, by analyzing the constituents of legal system of retirement, to contribute to the theory construction and practice, and to arouse the awareness of problems. In addition, to meet the need of the research, this chapter explains the research method that is from general to specific and other techniques such as semantic analysis, evaluation, and comparative study. Finally, this chapter put forwards the theoretical significance and practical value of this thesis that are focused on the study of legal system of retirement, to impel the development of china's social law and innovation of relative social managing systems.

Chapter two shows some general theories concerning retirement and legal system of retirement. On one hand, it differentiates the basic connotation between retirement and legal system of retirement, and illuminates the relationship of legal system of retirement, labor law system and social security law system, thus lays the foundation of the whole thesis. On the other hand, it argues the basic construction of legal system of retirement. The content of this part includes retirement age, pensions, retirement right and remedies together with legal relation of retirement made up of subject, content and object, focusing on the constitution of legal relation of retirement. The subject of legal relation of retirement is the subject that has rights and obligations by the retirement laws, mainly concerning labor management section, retirement fee payer and pension receiver. The object refers to the target of such rights and obligations, namely the payment of pensions. Legal relation of retirement mainly discusses that retirement is right or obligation which is not identical, and the connotations of retirement rights. Retirement rights belong to social rights whose core is claim to pensions. It aims at realization of equality, and is closely related to rights to live and work. The former arguments lay certain theoretical foundation for the constitution of legal system of retirement.

Chapter three keeps scores of the institutional change of retirement system and the theoretical foundation. It divides the system change into three stages-emergence, establishment and development, together with the changes in theoretical field-going through recession of liberalism and fluctuation of classical nature law, whose establishment is on the basis of the emergence of state intervention and prevalence on sociological law, which has great development with combination laissez-faire with state intervention in economic and development of new nature law in legal theory. These studies would benefit in acquisition of the system's future developing trend and frame, in correspondence with social and economical development.

Chapter four dissertates upon the first constituent of the system, legal establishment of retirement age. Firstly, it starts from the research of the retirement age adjustment and general rules around the world, embodied by rising pension receivers' age and prolonging the period of time, reducing sexual discrimination and narrowing the gap between male and female, legally eliminating age discrimination, restricting or even banning early retirement. However, as for the abolishment of obliged retirement age, there are still disparities among nations. Secondly, comparing with different legislations regarding retirement age of civil servants, public sector workers and enterprise workers and their origin, this chapter reviews the evolution of statutory retirement age system in China, and proposes the status quo and reasons for irregularities in early retirement and inequality in male and female retirement age. At last, on this basis, it puts forward to several suggestions for the improvement of legal retirement age system, which includes uniformity of male and female retirement age, regulations supervising early retirement, as well as extension of legal retirement age. Meanwhile, the establishment of flexible retirement system should be suspended.

The fifth chapter studies the second constituent of the system, legal protection of pensions. It makes detailed analysis of the related system about legal protection of pensions abroad, including the transition from welfare to contract, some typical payment mode of pensions and the differences in payment manners. Moreover, this chapter studies the status quo in China, and discusses realistic problems on legal protection of pension in China, consisting on lacking of special pension act, being blocked in the transition from old to new pensions system and inequity in "dual pension schemes" and proposes strengthening ways of legal protection of pension, meaning enacting pension act, protecting the bridge and coherence between new and old pension system, applying to the principle of distributive justice and think about the fate of new "dual pension schemes".

The last chapter discusses the third constituent of legal system of retirement, remedies for retirement right. It first analyzes the current legislative mode in the world, including constitutional mode of retirement right and remedies mode of pension claim right. It then sets forth such problems as the legislative recognition of remedies for retirement right, and legal remedies barrier in claiming pensions together with the reasons. In the end, it puts forward designs of a new system of remedies for retirement right, which means recognizing the justiciability of retirement right, enriching the substantial content of retirement right, determining the essentials of claim rights; emphasizing the importance of mediator and discretion of the judges, so as to perfect the safeguard and remedy mechanisms of retirement right.

After the above analysis, we will come to a conclusion that legal system of retirement requires profound improvement, which is not only the need of social law development, but also the inevitable choice to protect people and meliorate people's living condition, as well as to promote the innovation of social management in the new era.

Key words: Retirement; Legal system of retirement; Retirement age; Pensions; Retirement right; Legal remedy

目　录

第一章

导　论

第一节　研究对象与目的

从 19 世纪末德国确立首个世界上最早的退休法律制度起，至今，退休法律制度已走过了百余年的发展变迁的历程。退休法律制度是保障退休者依法退出劳动岗位以后、受领退休金，以维持其基本生活进而实现享有退休权的法律制度。退休法律制度的出现和产生并非偶然现象，它是多种社会因素交互发生作用的结果：一定的外部社会条件与内部社会需要共同作用，使得退休法律制度已然逐渐发展成为了人类社会生活的重要制度。明晰退休法律制度内在机理和运作逻辑，才能更好地回应社会生活发展的需要。尤其是当下中国正在大力保障和改善民生，在社会法学正逐渐成为新时期中国法学知识增量的可能增长点的情况下，退休法律制度的研究无疑具有了更为切实的现实意义。基于此，本文拟选取退休法律制度的构造及完善为研究的重心和切入点，辅之以国内外退休法律制度的比较考察，分别从退休的一般理论、退休年龄、退休金给付与退休权的法律救济等几个方面对退休法律制度展开系统论述，以推进中国退休法律制度在理论和实践方面与时俱进。

首先，从法学视角对退休含义进行了界定。目前国内学界对于"退休"的界定并未形成一致的观点，从退休与劳动法、社会保障法的密切关系的角度，大致可以分为"社会保障范畴说"、"劳动条件说"与"法律行为及事实状态说"等。"社会保障范畴说"认为退休属于社会保障的范畴，有学者认为退休是指劳动者年老达到法定年龄或因工丧失劳动能力符合法定条件，退出劳动领域进行休养，退休劳动者是享受养老保险待遇的劳动者；[①] 有学者认为退休是职工养老保险的形式之一，即职工因年老

---

① 冯彦君：《劳动法学》，吉林大学出版社 1999 年版，第 258 页。

或病残而完全丧失劳动能力，退出生产或工作岗位养老休息时获得一定物质帮助的制度；① 也有学者持类似观点，认为退休是指国家为丧失劳动能力或将要丧失劳动能力的老年职工离开工作岗位、安度晚年而提供的一种社会保障政策。② "劳动条件说"认为退休是劳动契约终了的原因之一，即基于社会法之原因终了，退休作为劳动条件，长久以来历史发展明白显示出之社会安全性格。③ "法律行为及事实状态说"认为退休是指职业劳动者依据法律法规之规定，在达到法定退休要件的情形下，退出职业劳动领域，依法享受相应的退休待遇的一种法律行为以及该法律行为所导致的事实状态。④

　　关于退休金的产生机理，目前的相关理论主张有人生过程储蓄说、恩给制度说、生活保障说、迟延工资说等学说，这些理论学说对退休金的产生与发展起到了推动作用。其一，人生过程储蓄说。储蓄即功德的信念在各国都存在⑤。以维持永久所得为目标，在个人劳动期间储蓄部分收入所得，牺牲当时的消费利益来满足退休生活所需的经济条件。但是采用此种说法，用储蓄保障退休生活，首先应具有风险忧患意识，否则不能够确定维持退休所需的储蓄金额。其二，恩给制度说。主要是指国家对于退休的公务员、退役的军人及其家属支付退休金，为其提供生活支持与物质保障。"恩给制度"之下，公务员成为被国家"购买"了生命的人，必须要为国家工作终生⑥。企业雇员的退休金之成因与公务员退休金一脉相承，亦是企业对于长期服务的劳动者于退休时基于恩惠给付的一笔金钱。雇主考虑雇员服务年限、在职期间职责轻重、对企业的贡献程度等，主观地决定给付的数额，形成之初雇员只有等待占据绝对优势的雇主行使自主权来发放退休金，而没有相应的法律规定，缺乏有效的救济途径，无法维护自己的权益。而雇主因其追逐利润最大化的驱使，必然在节约劳动力成本等方面做足文章，雇员的退休金给付难以得到保障。其三，生活保障说。退

---

① 王全兴：《劳动法》，法律出版社1997年版，第419页。

② 夏正林：《论退休权的宪法保障》，《法学》2006年第12期。

③ 黄越钦：《劳动法新论》，中国政法大学出版社2003年版，第147—149页。

④ 郑尚元：《企业员工退休金请求权及权利塑造》，《清华法学》2009年第6期。

⑤ ［法］安德烈·拉布戴特：《退休制度》，范晓雷译，商务印书馆1997年版，第6页。

⑥ Olivia S. Mitchell and Gary Anderson, *The Future of Public Employee Retirement Systems*, New York：Oxford University Press, 2009, p. 166.

休金的给付，是以保障退休劳动者的生活为目的，雇主的社会责任尤为重大。给付退休金不再是简单的对于某个退休者的照顾，而是象征对于全国老年或丧失劳动能力的退休者的生活照顾。雇主的责任法定，对于退休者给付退休金的方式等内容均受到法律严格的限制，表现出"社会安全"①的特点。社会安全不以社会中任何一阶层或职业为对象，在基本上认为任何一个"个人"均属于社会一分子，为维护其作为人类成员之尊严，以谋人格之自由发展，因而应保护其免受社会危险之侵害。其四，迟延工资说。② 此学说认为退休金的本质仍然是工资，区别主要是支付时间不同。工资是雇主给予劳动者的报酬，具有对价性，而退休金是雇主或国家机关、事业单位用来换取劳动者或公务员的劳动力为其毕生工作的一种"对价"，因为工作时间长达"一生"，所以退休金更像是工资的迟延给付。同时，退休金也被认为是劳动者当然享有的权利，此学说充分体现了对于劳动者权益的保护。但是退休金不仅仅是劳动的对价，而且还与人力资源的管理密切相关，具有促进人力更新、奖赏、补偿或照顾劳动者老年生活的功能，因此采用此观点在一定程度上难以兼顾雇主的权益。各种退休金理论学说的发展，都意味着相关领域的研究正逐步深入拓展。

国内对于退休权的研究有待进一步发展，就目前而言，学者们一般认为退休权是社会权，退休金给付请求权是实现退休权的最重要的权利诉求。作为一项宪法上的权利，退休权的含义是指公民到一定年龄之后，享有回家休养而其所属单位或者国家不停止发工资的权利。从退休权制度设置的目的来看，它主要是一种社会权，要求国家直接提供一定的积极作为的义务。在我国，退休权不仅是一种社会经济权利，更是一种身份权，这显示了有关退休权的立法是由中国国情决定的，也是我国计划经济体制的必然结果。③ 退休权利的内涵不仅是劳动者退出职业劳动岗位，获得休息的权利，更为重要的是获得了因年老体弱、退出职业劳动岗位之后仍然具有相应物质保障的权利，退休后最主要的权利在于退休金及相关退休待遇的落实。④

---

① 黄越钦：《劳动法新论》，中国政法大学出版社2003年版，第147—149页。

② 参见台湾劳动法学会《劳动基准法释义——施行二十年之回顾与展望》，新学林出版股份有限公司2009年版，第400页。

③ 参见夏正林《论退休权的宪法保障》，《法学》2006年第12期。

④ 郑尚元：《企业员工退休金请求权及权利塑造》，《清华法学》2009年第6期。

第二节　研究思路与方法

　　根据研究工作的需要，本文采用了"总—分"式的研究思路。全文总起于退休法律制度的基本问题，在分析退休法律制度变迁的基础上，分别论述退休法律制度的基本构造，并提出我们的对策性建议。在阐述基本问题的阶段，首先界定了退休与退休法律制度的基本概念，接着以其法律关系包括主体、内容与客体三要素的思路论述了退休法律关系的三要素及其相互关系。在分析退休法律制度变迁的阶段，以经济发展与法学理论基础的嬗变为主线，阐述了退休法律制度萌芽、建立与发展等基本历程。在建立退休法律制度的基本构造的阶段，涵盖了退休年龄、退休金给付与退休权法律救济三个构造对象，并在谋篇布局上体现出某种内在的统一性，即都是先对国外相关法律制度进行比较考察，在此基础上对照我国相关制度现状，发掘我国退休法律制度的现实问题，并有针对性地提出完善和改革的对策性架构、强化的措施。

　　为此，本文首先运用了语义分析研究方法，分析"退休""退休法律关系""退休金给付""退休权"等语词的要素、结构、语源，澄清语义混乱①，力求阐释清楚"退休法律制度是什么"的问题。接下来进入"退休法律制度应当是什么"的问题，采用了价值评判的方法，对于退休法律制度应当具有的基本构造进行了分析，明确了基本构造即退休年龄、退休金给付与退休权三者的逻辑关系。另外，论述从退休法律制度"是什么"到"应当是什么"的过程中，本文也采用了比较法作为研究方法，考察了域外较为成熟的退休法律制度及其改革趋势，"比较法作为一种方法比那种面向一国国内的法学能够提供范围更广阔的解决模式。②"运用比较法的方法，可以有助于我们在退休法律制度的移植与借鉴上确立慎思、慎行的审慎态度，防止出现准橘为枳的现象，以便有针对性地解决中国退休法律制度的理论和实践问题。

---

　　① 张文显：《二十世纪西方法哲学思潮研究》，法律出版社 2006 年版，第 79 页。

　　② ［德］K. 茨威格特、H. 克茨：《比较法总论》，潘汉典译，法律出版社 2003 年版，第 22 页。

第三节 研究的理论意义与实践价值

应当说，国内对退休法律制度的研究已取得一定的成绩，但像本文这样系统研究退休法律制度的文献还不多见，就笔者视野而言，至少目前尚无一本专门法学著作对退休法律制度的本体理论及其制度构造进行充分翔实的阐释与论证。这正是本文要着力追求的目标，我们拟在理论基础和实践运作上对中国退休法律制度及其完善进行深入而系统的研究，以为中国改善和保障民生，推进社会法学奉献微薄之力。

因为通常而言，退休法律制度的建立应与社会经济发展相适应，不应是行政权力忽视系统理论的正当性论证而强制实施的过程，[①] 也不应是国家短期政策简而化之上升为法律的结果。诚然，在社会法范畴之内研究退休法律制度，相比于私法的变迁而言，缺少了多方利益主体（包括利益主体与公权机关）之间博弈与冲突的漫长的演进，确是一种人为设计的制度，并且深深受到政策的干预，但是如果能在建立该法律制度的基础上进行持久的理论分析与检视将有助于弥补其先天不足与缺憾。

与此同时，退休法律制度的研究应在尊重本土资源的同时，观察世界，探索各国退休法律制度项下各个制度构造的改革（如提高退休年龄、改革退休金给付体系、切实保障退休权法律救济等）趋同的原因与意义，以便为我国退休法律制度未来走向提供重要的参考与选择路径。

新的时代也是人口老龄化加速到来的时代，同时，家庭结构及家庭观念的转变，传统养儿防老观念日渐式微，故而退休法律制度的健全关系到老年人退休后的养老保障是否能切实落到实处的问题，因而对它的研究无疑对和谐社会的构建具有指向性意义。只有现有退休法律制度日趋成熟完善，才能有助于个人对于自身未来退休金的期待得以保障与实现，社会主义和谐社会的构建也才有了坚实的民生支撑。

---

① 季卫东：《法学理论创新与中国的软实力——对法律与社会研究的重新定位》，《上海交通大学学报（哲学社会科学版）》2008 年第 3 期。

第二章

退休及退休法律制度的一般理论

第一节 退休及退休法律制度的含义解析

一 退休的含义

对于法律概念的理解与确定，不尽然是一蹴而就即可清晰明确，或者即使已经被界定，也仍然有可能令人困惑。因为"在语言操作的过程中，当一个术语被严重地误用，而该术语所表达的概念又恰恰被操作者当作建构各种理论命题的基石性范畴时，术语的滥用就一发而不可收拾了。"① 基于此，界定退休的概念，须设法弄清此概念的语源、语境，进而才能全面准确地阐释其内涵。语义的混乱成为目前影响退休法律制度发展的障碍之一。只有运用语义分析的方法，明确解析"退休"这一语词表达的含义，才能避免歧义，冲破因为误解所形成的藩篱。

（一）"退休"的词源变迁

从语源上分析，"退休"旧指辞官家居。韩愈《复志赋序》："退休于局，作《复志赋》。"《宋史·韩赟传》："赖以活者，殆百数，退休十五年，谢绝人事，读书赋诗以自娱。"我国古代对于"退休"有多种表达形式，其中使用最多的是"致仕"一词。最早记录"致仕"的是《春秋公羊传·宣公元年》："古之道，不即人心，退而致仕。"《礼记·曲礼》中也有记载："大夫七十而致仕。"② 《辞海》上对于退休的解释是指职工退出工作岗位养老的制度。③

"退休"对应的英文单词是"retirement"，该词起源于1530年美国的军

---

① 郑成良：《法律的阶级性：理论的建构与词的暴政——对法学思维的语言学治疗》，《天津社会科学》1995年第4期。

② 樊明：《退休行为与退休政策》，社会科学文献出版社2008年版，第49页。

③ 《辞海》，上海辞书出版社1980年版，第1052页。

事术语"retreat"（中文意为撤退、撤离）与"tired"（中文意为疲倦）的结合，1648 年首次出现"to leave company and go to bed"（中文意为离开工作岗位去休息）的释义。① 退休是工业革命的产物，生产力的飞速提高引起了雇佣上的变化——劳动者休息的时间逐渐延长从而演变为"退休"。② 半个多世纪以前，美国从事老年学研究的学者们这样描述退休：退休不是富人的奢侈品，也不是病人的灾祸，劳动者退休已经成为一种普遍的现象；无论是祝福还是诅咒，退休已经悄然而至。③ "退休即终止了常态收入，劳动者并没有耗尽一生的时间，根据一定的收入规则，退休者可以获得一定数量收入的退休金。"④ 近年来，随着人口老龄化的加剧与退休金负担的加重，一些学者认为退休的概念需要重构，退休的概念面临着挑战。⑤

（二）退休的界定

我国学者对于法学意义上的"退休"概念进行了不同的界定。冯彦君教授认为，退休是指劳动者年老达到法定年龄或因工丧失劳动能力符合法定条件，退出劳动领域进行休养。⑥ 王全兴教授指出，退休是我国的职工基本养老保险形式之一，即职工因年老或病残而完全丧失劳动能力，退出生产或工作岗位养老休息时获得一定物质帮助的制度。⑦ 郑尚元教授认为，退休是指职业劳动者依据法律法规之规定，在达到法定退休要件的情形下，退出职业劳动领域，依法享受相应的退休待遇的一种法律行为以及该法律行为所导致的事实状态。⑧ 夏正林教授认为，退休是指国家为丧失劳动能力或将要丧失劳动能力的老年职工离开工作岗位、安度晚年而提供

① Etymology of retirement, http：//www. etymonline. com/index. php? search = retire&search mode = none. "retreat"、"tired" 与 "to leave company and go to bed" 的中文意思均为笔者注。

② James H. Schulz, "The evolving concept of 'retirement'：Looking forward to the year 2050" *International Social Security Review*, No. 55, 2002, p. 85.

③ Eugene A. Friedmann and Robert J. Havighurst, *The Meaning of Work and Retirement*, Chicago：University of Chicago Press, 1954, p. 88.

④ 参见 M. Davey, *The law of social security*, Butterworths, 1995, p. 22. 转引自郑尚元《企业员工退休金请求权及权利塑造》，《清华法学》2009 年第 6 期。

⑤ Kirk Mann, *Approaching retirement：Social divisions, welfare and exclusion*, Policy Press, 2001, p. 2.

⑥ 冯彦君：《劳动法学》，吉林大学出版社 1999 年版，第 258 页。

⑦ 王全兴：《劳动法》，法律出版社 1997 年版，第 419 页。

⑧ 郑尚元：《企业员工退休金请求权及权利塑造》，《清华法学》2009 年第 6 期。

的一种社会保障政策。① 虽然学者们对于退休概念的表述各不相同，但是仍然具有若干共同之处。第一，退休是以相关主体实施了职务行为或者劳动行为为前提。这里所指的职务行为是因法律授权而实施的履行职责行为；劳动行为是劳动关系权利和义务所指向的对象。② 在一般意义上，实施职务行为或者劳动行为的相关主体主要包括公务员、事业单位工作人员与企业职工，而不包括农民、自由职业者、学生、短期工作者与家庭妇女等。③ 第二，退休的原因主要是达到规定的退休年龄或者由于生病、残疾等原因导致身体失能无法继续劳动。第三，退休是一种停止劳动、退出工作岗位的机制。第四，退休行为引起退休金给付的发生，从而为退休者提供了基本的生活保障。

综上，尽管"语义分析的基本立场是避免定义，但是，学术研究中，完全可以寻找合理使用该语词来描述其指称对象的最低条件，只要某个对象有能力从前提推导出合乎逻辑的结论。"④ 正是在这个意义上，本文认为退休系指公务员、事业单位工作人员或企业职工由于工作期限达到规定年限或本人达到规定年龄或身体失能无法继续工作而退出工作岗位、受领退休金的行为。所谓的"身体失能"系指经医院证明（企业职工须经劳动鉴定委员会确认），公务员、事业单位工作人员或企业职工因疾病或者伤残导致完全丧失劳动能力。

二　退休法律制度的含义

（一）退休法律制度的界定

退休法律制度是保障退休者依法退出劳动岗位以后、受领退休金得以维持基本生活以及退休权实现的法律制度。在我国，退休法律制度在适用的对象上具有限定性。退休法律制度适用的对象包括履行相应职能的政府

---

① 夏正林：《论退休权的宪法保障》，《法学》2006 年第 12 期。

② 黎建飞：《劳动法调整对象是劳动行为》，《中国劳动》2006 年第 1 期。

③ 对于这些不被覆盖的主体，国家正在通过城镇居民社会基本养老保险和新型农村社会基本养老保险（以下简称"新农保"）等方式加大社会保障的力度，使其因年老或身体失能无法继续劳作之时也可以"老有所养"。当然，也有学者指出，"只有企事业单位的职工和国家机关工作人员才能享受退休的待遇，不包括农民。这是我国长期以来在计划经济下，实行城乡二元治理的模式的必然结果。"见夏正林《论退休权的宪法保障》，《法学》2006 年第 12 期。

④ 参见郑成良《法学方法论》，载王亚新等著《法学进阶之路》，中国人民大学出版社 2008 年版，第 169 页。

部门，如承担为公务员提供退休金以及企业职工的基本养老保险基金不足时负责补贴等的财政部门以及负责监督检查养老保险费征缴的劳动行政部门等，负责缴纳基本养老保险费与年金费用等的单位和个人，以及国家机关、事业单位与企业的退休者。不包括农民、自由职业者、学生、短期工作者与家庭妇女等其他主体。此外，退休法律制度还具有强制性与自愿性并存的特征。退休金给付包括公务员与事业单位工作人员的退休金与职业年金、企业职工基本养老保险与企业年金以及个人保险等。其中，企业职工的基本养老保险由政府主导，企业参与，属于国家通过立法建立的社会保险范畴，具有强制性；而企业年金与个人保险等，则是企业以劳动合同为依据建立的给付体系，具有自愿性的特征。

（二）退休法律制度与劳动法律制度、社会保障法律制度的关系

在我国，劳动者作为劳动关系的一方主体受到劳动法的有效保护。在劳动关系存续期间，劳动者与用人单位共同缴纳基本养老保险费、企业年金所需费用①等；劳动者因为年老或者身体失能等原因导致劳动合同终止、退出工作岗位，其身份转变为退休者，开始受领包括基本养老保险金、企业年金以及个人保险待遇作为维持生活的来源。而基本养老保险作为社会保险法规定的强制性保险，属于社会保障法律制度的重要组成部分。由此可见，退休法律制度、劳动法律制度与社会保障法律制度三者之间联系紧密。第一，从保护对象上来看，三者均保护社会弱者。劳动法律制度保护在劳资关系中处于弱势地位的劳动者；社会保障法律制度保护全社会范围内因年老、疾病、工伤以及失业等原因而处于弱势地位的相关主体；退休法律制度则专门保护在不平等的退休法律关系中处于弱势地位的退休者。第二，从介入退休行为的时间来看，三者共同调整了退休行为的产生过程。劳动法律制度保护了退休行为发生之前的劳动行为，而社会保障法律制度为退休之后的基本养老保险金提供了具有强制力的保障，退休法律制度则保护从退休行为发生之前（如缴纳基本养老保险费）到退休

---

① 根据2004年5月1日起施行的《企业年金试行办法》第二条规定：企业年金，是指企业及其职工在依法参加基本养老保险的基础上，自愿建立的补充养老保险制度。而《社会保险法》中也仅规定了基本养老保险，并未涉及企业年金。企业年金的自愿性与基本养老保险的强制性并不相符，因此本文认为将企业年金认定为补充"养老保险制度"的观点不能体现出养老保险制度的统一性。本文尝试建立"退休金给付"体系，包括公务员与事业单位工作人员的退休金与职业年金、企业职工的基本养老保险与企业年金以及个人保险，具有强制性与自愿性相结合的特点。

行为发生之后（如受领退休金）的行为。第三，从强制程度来看，企业年金与个人保险等退休金给付以自愿性为基础，与企业职工基本养老保险的强制性不能等同，社会保险法无法全面覆盖退休金给付，而以退休金给付为核心内容的退休法律制度恰能填补这一空白，在制度构造中形成强制性基本养老保险与自愿性保险相结合的给付体系。第四，从法律救济机制来看，退休者寻求退休金给付请求权的法律救济还需诉诸劳动争议解决机制，因此，退休法律制度对于实体权利的保障与救济必须依托于劳动法律制度才能实现。

第二节　退休法律制度的基本构成

一　退休法律制度的内容

也许暂时无法简单地给退休法律制度的含义做出一个精准的界定，但是退休法律制度应当具有自己独特的构造内容，以确立其在社会法中的地位。从一定意义上而言，退休法律制度的内容可以包括退休年龄、退休金给付与退休权及其法律救济等，三者具有密切的关系。

第一，退休年龄的确定与劳动者的生理、心理因素紧密相连，劳动者在达到退休年龄退出工作岗位之后，开始休养。退休年龄决定退休者是否能够受领全额的退休金，包括开始受领退休金的适格年龄与延迟受领退休金的年龄。第二，在我国，退休权是宪法上的权利，其基本理念是通过保护退休主体实施退休行为，使得退休者能够体面有尊严地受领退休金，退休生活免于陷入经济上的困境，安享晚年生活。退休金给付请求权作为退休权的最基本的权利诉求，保障退休者的退休金给付期待权不可丧失。第三，退休金给付以退休年龄为给付的前提条件，同时又是退休金给付请求权的双方当事人所支配的共同对象，是双方当事人相互利益关系的连接点。退休金给付是给付主体为了承担劳动者因为退出工作导致劳动报酬中断的社会风险，而给予劳动者一定的给付。第四，退休年龄是退休行为与退休金给付发生的前提，退休权是实现退休金给付的法律基础与保障，而退休金给付则是退休法律制度的核心。

二　退休法律关系的构成

法律关系是根据法律规范产生，以主体之间的权利与义务关系的形式表现出来的特殊的社会关系。一般来讲，法律规范是法律关系产生的前提：如果没有相应的法律规范存在，就不可能产生法律关系，这也意味着各种法律关系的建立都必须有严格的法律根据，以保障法律的制定与实施的有机统一。[①] 退休法律关系即是由退休立法调整的在当事人之间产生权利、义务的特定社会关系——退休关系。退休关系是退休法律关系的社会基础，退休关系上升为退休法律关系以后可以合法存在，否则就是不规范的退休关系，不能受到退休法律的保护。随着退休法律制度的建立与发展，不规范的退休关系将依法受到规制，而退休法律关系主体的权益也将得到良好的保护。根据退休法律关系参加者之间的不同关系，可以将退休法律关系分为两类：一类是内部退休法律关系，即存在于退休费用缴纳者与退休金受领者之间的退休法律关系；另一类是外部退休法律关系，即存在于劳动行政部门与退休费用缴纳者、退休金受领者之间的退休法律关系。退休法律关系依据法律关系的一般原理，由主体、内容和客体三要素组成，三要素之间互相依存，具有紧密的联系。

（一）退休法律关系的主体

退休法律关系的主体即依照退休法律规范享有权利和承担义务的主体，是退休法律关系的参加者与退休行为的实施者，司法实践中可以称为退休法律关系的当事人。在外部退休法律关系中，存在两个层次的法律关系。在第一层法律关系中，一方主体是劳动行政部门等政府部门；另一方主体是退休费用缴纳者，即单位和个人。在第二层法律关系中，一方主体仍然是劳动行政部门等政府部门；另一方主体是退休金受领者，即国家机关、事业单位与企业的退休者以及继承退休金的遗属。在我国，一般由劳动行政部门负责监管基本养老保险基金，但是在国外，养老保险基金的类型决定了监管主体的结构，大致上可分为三种。第一种是制度型基金，是能够独立承担法律责任的实体，因此具有单独的监管委员会，组成人员是由缴纳基本养老保险基金的雇主、雇员或其代表担任，不是由政府主体或者国家授权组建。代表国家为丹麦、芬兰、荷兰、德国等国，德国更是拥有双重监管委员会的结构，一个监管委员会负责选举和监督另一个管理层监管委员会，后者负责所有战略性决定。第二种是契约型基金，不具有独立承担法律责任的能力，通常由银行、

---

① 参见孙国华、朱景文《法理学》，中国人民大学出版社 1999 年版，第 357—360 页。

保险公司等金融机构负责运营，监管主体一般由负责运营的公司的董事会来担任。代表国家如墨西哥、土耳其、意大利和波兰等国。前两种基金都是自治型基金，第三种是信托基金，兼有前两种基金的特点，代表性国家是美国。受托人对于基金的资产管理拥有合法的处置权，必须以为退休金计划的参加人即信托投资的受益人管理信托财产为唯一的目的。美国的监管主体可能是退休金计划的资助者、受托人或者第三方，《雇员退休收入保障法》要求退休金计划必须有一个"指定受托人"，有权控制与处置退休金计划，包括投资。①

在内部退休法律关系中，一方主体是退休费用缴纳者，即单位和个人；另一方主体是退休金受领者，公务员、事业单位工作人员与企业的退休者及继承退休金给付的遗属。在美国、德国等国家，对于企业及其所属劳动者一般采用雇主与雇员的称谓，体现出二者是经历雇佣程序、签订劳动合同形成劳动关系的双方当事人。美国《雇员退休收入保障法》（ERISA）第1002条规定：雇主是指与雇员的退休金计划相关、以雇佣者的身份直接行为或者为了自己的利益间接行为的个人或者团体。雇员是指雇主雇佣的个人。② 在德国，一般认为，雇员是基于劳动合同为获取工资而有义务处于从属地位为他人（雇主）提供劳动给付的人。雇主是通过雇员的概念来定义，雇员的劳动合同另一方当事人是雇主。③ 在我国，内部退休法律关系的双方当事人④与私法契约中的当事人相比，其法律人格被强调为是一种"身份主体"而非"契约主体"，主体之间的法律地位不平等，其权利

---

① Stewart, F., J. Yermo, Pension Fund Governance: Challenges and Potential Solutions, *OECD Working Papers on Insurance and Private Pensions*, No. 18, 2008, p. 6.

② The Employee Retirement Income Security Act of 1974 (ERISA), Title I: Protection of Employee Benefit Rights, Subtitle A-General Provisions, §1002. Definitions (5) — (6).

③ 参见［德］W·杜茨《劳动法》，张国文译，法律出版社2005年版，第19—21页。

④ 我国《劳动法》《劳动合同法》等法律对于劳动合同双方当事人的界定为用人单位与劳动者：用人单位是指含企业、个体经济组织、民办非企业单位等；劳动者是指与用人单位建立劳动关系的个人，也包含国家机关、事业单位、社会团体和与其建立劳动关系的个人。参见林嘉《劳动法与社会保障法》，中国人民大学出版社2009年版，第59、68页。近年来劳动法学者开始关注和研究具有集体性因素的劳动法律关系，一些论著开始把双方的团体增列为主体，主张劳动法律关系主体"四元说"，即劳动法律关系主体为劳动者、劳动者工会、用人单位与用人单位工会。但是本文讨论退休法律关系过程中，对于劳动法律关系主体，仍选择"二元说"即劳动者与用人单位为劳动法律关系主体的观点。

和义务的分配也因"身份"的不同而不同，即法律关系主体之间的权利和义务不对等。① 依据《劳动合同法》规定劳动合同终止情形之一，劳动者开始依法享受基本养老保险待遇，即当劳动者依法达到一定年龄或者身体失能无法继续工作而退出劳动领域并开始受领退休金—退休—发生之时，劳动者的身份转变为退休者。退休事实发生，劳动合同终止，退休者开始接受退休立法对其进行的调整。鉴于我国目前的退休立法中的用语习惯，本文在论述中也采用了"企业""企业职工""退休职工"等规范性文件中的用语，而探讨国外退休法律制度时以尊重原文文献为主，使用了"雇主""雇员"等用语。

事实上，公务员、事业单位工作人员并非因劳动合同而与国家机关、事业单位形成劳动关系，其退休也并非满足劳动合同终止的法定情形，而是依据宪法、《公务员法》与《事业单位人事管理条例》等法定事由发生了退休。因此，调整公务员与事业单位工作人员的退休法律规范是公法性规范，而调整企业职工的是社会法规范，二者法域归属不同。但是宪法赋予了公务员与事业单位工作人员退休权②，而且公务员与事业单位工作人员的法律人格也具有身份主体的特征，其与国家机关或事业单位处于不平等的地位，享有的权利与义务也是不对称的。这两类主体实施退休行为的要件与企业退休者是一致的，即依法达到一定年龄或者身体失能无法继续工作而退出劳动岗位并开始受领退休金，而且以上主体的退休年龄与退休金给付的产生与发展过程是互相影响、紧密相连并无法割裂，所以在本文的研究中，公务员与事业单位工作人员也视同退休法律关系主体。国外一般将国家机关与事业单位统称为公共部门，公共部门的雇员一般包括公务员、教师、国有企业雇员等。公共部门以外的企业与个体经济组织等为私营部门，所以本文相应地存在"公共部门退休金给付"与"私营部门退休金给付"的对比论述。

（二）退休法律关系的内容

权利和义务是法律关系的关键要素。某一社会关系之所以是法律关系，就在于它是依法形成或法律机关确认的、以权利和义务的相互联系和

① 参见董保华《社会法原论》，中国政法大学出版社 2001 年版，第 256 页。
② 我国《宪法》第 44 条规定：国家依照法律规定实行企业事业组织的职工和国家机关工作人员的退休制度。

相互制约为内容的社会关系。权利与义务也是法的价值得以实现的方式，正是通过权利和义务的宣告与落实，国家把社会主导的价值取向和价值选择变为国家和法的价值取向和选择，并借助于国家权威和法律程序而实现。① 退休法律关系的内容是指退休法律关系双方当事人所享有的权利和所承担的义务。退休法律制度下的权利、义务观体现了倾斜性保护原则，通过国家强制力实现了对于弱势群体退休者的保护。

第一，权利与义务不具有对应性。我国法学界对于权利与义务的关系存在不同的看法。法理学界张文显教授认为权利与义务具有一致性：二者互相关联，对立统一，如果一方不存在，另一方也不能存在；在数量上是等值的；在功能上是互补的；在价值意义上存在主次关系，权利是第一性，义务是第二性。② 孙国华、朱景文教授也认为权利与义务是相对而言的，权利与义务具有一致性。③ 但是近年来，社会法学的一些学者认为社会法上的权利与义务不具有一致性与对应性，权利与义务呈现出一种不对称性。董保华教授认为社会法中的权利是受到义务的严格限定的，不仅受到对方当事人也受到自身应当遵守义务的限定。调整模式中的"法定优先"，体现为社会法法律关系中的"义务先定"，依据社会法基准法中的强制性规范而产生的义务限定了社会法中的权利空间，在这种情况下，有时受益人并不是权利人，不能随便改变或者放弃自己的利益，因此，实际上是一种义务人。在社会法领域，由于法律关系中权利和义务的一一对应的关系已经被打破，法律关系中一方主体的权利往往既与对方主体的义务相对应，也与自己应当履行的义务相对应。法律关系主体双方的权利和义务之间的关系不再有传统私法领域中权利和义务的守恒关系。④ 林嘉教授在谈到劳动法律关系超越民事法律关系时认为，应当从社会法的视野对劳动法律关系进行重新审视与归纳，该法律关系内容具有强烈的"社会性"，社会性特征与劳动法倾斜保护劳动者立法宗旨，即劳动法对劳动者实行"权利本位"，对用人单位实行"义务本位"，这种特征主要表现为权利与义务具有明显的不对称性：劳动者权利多于义务，而用人单位则是

---

① 参见张文显《法理学》，高等教育出版社、北京大学出版社 2007 年第 3 版，第 139—140 页。

② 同上书，第 146 页。

③ 孙国华、朱景文：《法理学》，中国人民大学出版社 1999 年版，第 370 页。

④ 董保华：《社会法原论》，中国政法大学出版社 2001 年版，第 280—281 页。

义务多于权利；劳动法适用授权性与义务性规范较多，一般法定的效力优先于约定的效力，除非约定比法定对劳动者更有利，此即"法定优先"适用规则。[①] 薛小建教授也认为社会保障法律关系是一种权利义务不一致的法律关系，权利享有者与义务承担者并非对等；就社会保障法律关系而言，不尽义务的公民也可以享有权利，享有权利者并没有相应之义务，但承担义务者却并不能享有权利。[②]

退休法律关系主体依法享有的权利与履行的义务是否一一对应？以企业退休者为例，退休者在退休以后开始享受退休金及其他社会保险待遇是《劳动法》[③] 明确赋予的权利，但是该权利的享有又受到用人单位履行为劳动者缴纳基本养老保险费的义务的限定。[④] 虽然根据法律的规定，用人单位必须为劳动者缴纳基本养老保险费，但是实践中，用人单位拖欠基本养老保险费的情况较多，而且数额较大，以山西省为例，截至 2012 年 2 月，全省企业基本养老保险欠费 1504 户，累计欠费 10.05 亿元。[⑤] 如果用人单位没有履行缴纳基本养老保险费的义务，那么退休者将无法受领退休金，也无法实现享有受领退休金的权利。法律还规定劳动者也必须在工作期间缴纳基本养老保险费，因此缴纳基本养老保险费也是劳动者的义务，劳动者能否在退休后受领退休金也要受到自己履行缴费义务的限定。在劳动合同存续期间，劳动者是履行缴纳基本养老保险费的义务主体之一，用人单位为另一义务主体；当劳动者满足退休条件、完成了身份转换成为退休者，又成了享受退休金给付的权利主体，而用人单位只履行了缴费的义务，却并没有获得相应的权利。这里，劳动者既是义务主体又是权利主体，履行义务也享受对应的权利，而用人单位只履行了义务，没有享受对应的权利，权利与义务不具有对应性。

第二，退休是权利抑或义务？虽然该问题并没有引起真正意义上的广

① 林嘉：《劳动法与社会保障法》，中国人民大学出版社 2009 年版，第 80—81 页。

② 薛小建：《论社会保障权》，中国法制出版社 2007 年版，第 236 页。

③ 《劳动法》第 3 条：劳动者享有平等就业和选择职业的权利、取得劳动报酬的权利、休息休假的权利、获得劳动安全卫生保护的权利、接受职业技能培训的权利、享受社会保险和福利的权利、提请劳动争议处理的权利以及法律规定的其他劳动权利。

④ 《劳动法》第 72 条规定：……用人单位和劳动者必须依法参加社会保险，缴纳社会保险费。

⑤ 田勇：《欠费 12.8 亿，山西太原参保职工待遇受影响》，《生活晨报》2012 年 2 月 14 日第 B2 版。

泛讨论，但是国内外法学理论与司法实践中都曾经有过研究，也存有一定的分歧。我国夏正林教授认为"作为一项宪法上的权利，退休权的含义是指公民到达一定年龄之后，享有回家休养而其所属单位或者国家不停发工资的权利。"[1] 陈雄教授认为："退休作为一项基本权利权……其义务主体是国家，国家的义务主要是发展为公民享受这些权利所需要的社会保险、社会救济和医疗卫生事业。"[2] 持不同观点的郑尚元教授则认为退休既可能是权利，也可能是义务；从权利角度分析，退休不仅享受的是宪法上规定的休息权的具体体现，也是劳工法和社会法所规定的当事人具体权利的验证，退休待遇能够使当事人在退出职业劳动岗位后获得生活的保障。从义务角度分析，达到年龄后当事人必须退休，此时退休即成为当事人的一种义务，对于身体较好、工作岗位劳动强度较小，在职待遇较好的当事人而言，他们一般不愿意退出职业劳动岗位，但是，法律强制其退出，此时退休即成为当事人的义务。[3]

葡萄牙劳动与社会团结部于 2007 年出台法令（Decree Law No. 187/2007）对于退休者与残疾人权利的保障做出了具体规定，其中规定退休年龄为 65 岁，但是劳动者年满 65 岁不是必须退休。除了年龄条件，退休还应当满足其他要求，例如已经缴纳社会保险费至少达到 15 年。依据葡萄牙法律，公务员可以自愿退休；同样地，劳动者不是被迫退休，而是享有退休的权利。尽管根据 2009 年《平等就业法（No. 1NCL)》，雇主可能会提前终止某些劳动合同，因为某些劳动者以"退休自愿"为依据，超过 70 岁却仍然继续工作，但是不能否认的是劳动者享有退休的权利以及超过退休年龄之后继续工作的权利。[4] 罗马尼亚 2000 年公共部门退休的法律（Law No. 19/2000）规定，从事法官、检察官、助理地方法官等职业的主体必须在达到退休年龄时停止执业活动，尽管没有满足所有的退休条件，但是达到了法定年龄就必须退休；2004 年地方法官法（Law No. 303/2004）对其进行了修改。法院认为之前的法律规定是违宪的，因

---

① 夏正林：《论退休权的宪法保障》，《法学》2006 年第 12 期。

② 陈雄：《老年人退休权的宪法分析》，《法学杂志》2011 年第 2 期。

③ 参见郑尚元《企业员工退休金请求权及权利塑造》，《清华法学》2009 年第 6 期。

④ Robert von Steinau-Steinrück, Nicky ten Bokum, Tom Flanagan, et al. *Age Discrimination: Law in Europe* (*European Labor Law in Practice*), Alphen Den Rijn: Kluwer Law International, 2009, p. 280.

为宪法规定退休是每个公民的基本权利，而不是义务；退休是一项个人享有的权利，而非根据任何的法律裁定被迫履行的义务。①

　　根据我国宪法第 44 条规定：国家依照法律规定实行企业、事业组织的职工和国家机关工作人员的退休制度。退休人员的生活受到国家和社会的保障。第 45 条规定：中华人民共和国公民在年老、疾病或者丧失劳动能力的情况下，有从国家和社会获得物质帮助的权利。国家发展为公民享受这些权利所需要的社会保险、社会救济和医疗卫生事业。所以，退休是宪法赋予企业、事业组织的职工和国家机关工作人员应当享有的权利，退休立法的过程中不能违反宪法上的规定。但是在立法与实践中却存在了一些视退休权利为退休义务的情形。在 1978 年国务院关于颁发《国务院关于安置老弱病残干部的暂行办法》和《国务院关于工人退休、退职的暂行办法》的通知（国发〔1978〕104 号）中规定，党政机关、群众团体、企业、事业单位的干部，符合条件之一，都可以退休。强调了"可以"一词，而非必须强制性履行，体现了退休的权利属性。但是该行政法规还规定，全民所有制企业、事业单位和党政机关、群众团体的工人，符合条件之一的，应该退休。另外，《公务员法》第 87 条规定，公务员达到国家规定的退休年龄或者完全丧失工作能力的，应当退休。从立法技术的角度而言，这两个条款均使用了"应该"一词，容易造成"退休是义务"的误解，没有体现国家"法制统一"，难以促进政府与公民对于宪法、法律的共知共信共守。② 即使在国有企业股份制改革过程中出现了企业强制劳动者内退等情形，但是相关规范性文件均规定以"自愿"为提前，所以这是企业存在操作不规范的行为，客观上却导致了劳动者履行"退休义务"的结果，但不能因此而否定退休的权利属性，误认为退休是一种义务。

　　第三，退休权具有丰富的意蕴，体现出复合性的特点。首先，退休权是社会权。在现代社会中，对于自由权与社会权的争论从未停止过。"自由权的真谛是在国民自由的范围内要求国家的不作为的权利，其基本功能在于排除自律性领域来自公共的干涉，确保主体能动性与创造性的充分展

---

① Mark A. Meyer, Maria Daraban. "The hubbub on judicial reform", *Euro. News.* 2005, 28 (9).

② 罗传贤：《立法程序与技术》，五南图书出版股份有限公司 2005 年版，第 15 页。

示与发挥；社会权的要义则是在对社会上经济弱者进行保护与帮助时要求国家作为的权利，是一种与福利国家或积极性国家的国家观相对应的基本人权，其目的在于消除伴随市场经济发展而产生的贫困和失业等社会弊病。①"也有观点认为自由权、社会权这种"两分法是徒劳的，所有的权利都要求政府积极的回应，权利是公共物品，所有的权利都是积极权利。②"但是，"在争取社会权而进行的长期斗争中，劳动者普遍认为退休即是一项经过斗争而得到的社会权……不论退休权利的扩张是否满足了官僚机构的利益或者宁可只是工会运动的结果，比较进步的政府和工会都将退休视为社会权利。③"在我国，退休权保障退休者因年老或者身体失能无法继续工作、退出劳动领域以后，受领退休金得以维持基本生活。表面上看，退休权似乎是退休者与用人单位或者相关给付主体之间发生的关系，与国家干预并无直接干系；而事实上，只有国家履行积极作为义务关注并重视退休权，保证社会资源的合理分配与财政上的支出，使得有限的资源达到最有效的利用，才能保障退休权的实现。劳动者通过与用人单位签订劳动合同使得劳动力的所有权与使用权分离，劳动力商品的使用必须符合人道主义的要求，必须符合劳动立法的规定。④虽然用人单位除了给付劳动报酬之外，也依法规定了工时、休息休假等，但是劳动者对于劳动岗位付出了自己的知识、技能、体能、时间与情感，对于用人单位做出了不同程度的贡献，对于国民经济的发展起到无法替代的重要作用；如果因为年老或者身体失能无法继续工作而退出工作岗位，国家应当履行作为义务，建立退休法律制度对其权利予以保护。这种法律制度的建立应将退休权的保障作为基础性命题，而从本质上决定该命题的则是退休权的基本理念，即通过保护退休主体实施退休行为，使得退休者能够体面有尊严地受领退休金，免于陷入经济上的困境，安享晚年生活。

作为退休权最基本的权利诉求的退休金给付请求权具有社会法的性

---

① 冯彦君：《劳动权的双重属性：社会权与自由权属性》，《中国劳动保障报》2004 年 2 月 3 日第 003 版。

② ［美］史蒂芬·霍尔姆斯等：《权利的成本——为什么自由依赖于税》，毕竞悦译，北京大学出版社 2011 年版，第 22—29 页。

③ Bernhard Ebbinghaus. *Reforming Early Retirement in Europe, Japan and the USA*, New York: Oxford University Press, USA, 2008, p. 41.

④ 冯彦君：《劳动法学》，吉林大学出版社 1999 年版，第 71 页。

质。退休权是宪法上的基本权利，因其实现关系到退休者的生存与社会的稳定，所以退休权不应该止于国家作为义务，应该更进一步晋升为权利主体可以直接主张的具体请求权——退休金给付请求权。退休金给付请求权体现了退休权保障退休者受领退休金、维持基本生活的理念，是退休权最基本的权利诉求。退休金给付请求权是退休者基于享有退休金给付的不可丧失期待权所产生的权利。从本质上来说，退休金给付请求权是退休者私域的事情。在美国、德国等国，此种不可丧失期待权属于财产权的范畴，具有不受公权力侵犯的性质。"退休金请求权是市场经济发达国家法律制度中所创制的权利。"[1] 在德国，企业破产后，雇员的退休金给付请求权与工资请求权将被同样地对待，[2] 而雇员的基本工资请求权基础是德国《民法典》第611条第1款联系劳动合同。[3] 因此，退休金给付请求权可以被界定为基于劳动合同而产生请求退休金给付的权利，雇员为退休金给付请求权主体，雇主为退休金给付被请求权主体。在德国、美国等国，企业退休金给付请求权的义务主体直接指向用人单位（在有些企业年金中，退休者本身也负有一定的缴费义务，但是退休者不可能自己请求自己给付，所以这里的义务主体直接指向用人单位）。在德国，企业退休金给付的依据是雇员与雇主之间签订的劳动契约中约定了退休金给付义务，直到退休金给付的要件发生时，退休金给付才能发生，而退休金给付请求权能够得以成立。因此，劳动关系是退休金给付的先决条件。而劳动契约完全是由雇主单方面根据民法典中合同法的一般条款和条件的规定进行拟定，[4] 因此在德国法上，退休金给付不是法定强制义务，而是存在于民法调整的劳动契约或者集体契约之中，退休金给付请求权属于私权的范畴，并通过私法的方式进行调整。在美国，退休金计划是劳动契约的法定条款之一。现行法规定来源于雇员自己缴费部分的退休金给付必须始终是全额给付的既得权，而雇主缴费部分要依赖于退休金计划的类型：确定给付型退休金计划在工作五年以后是全额给付的既得权。既得权是一项不可改变

---

① 郑尚元：《企业员工退休金请求权及权利塑造》，《清华法学》2009年第6期。

② OECD Organisation for Economic Co-operation and Development. *Protecting Pensions：Policy Analysis and Examples from OECD Countries*，Paris：OECD Publishing，2007，p. 279.

③ ［德］W·杜茨：《劳动法》，张国文译，法律出版社2005年版，第66页。

④ Jens Kirchner，Pascal R. Kremp，Michael Magotsch. *Key Aspects of German Employment and Labour Law*，Berlin Heidelberg：Springer-Verlag，2010，p. 4.

的契约权利，除非在极端有限的环境下，否则在没有参与者同意的情形下不能被剥夺或者损害。当雇员取得了从雇主处受领退休金的权利，即使他退休之前已经脱离于该雇主，法律规定其始终享有该权利，且具有不可丧失的性质，这种不可丧失的退休金给付权利即既得权。因此，只要满足退休金给付的要件，雇员则可以行使退休金请求权。公共部门雇员在就业期间根据退休法律获得的退休金给付权是既得权利，承诺的退休金给付在就业期间可能增加，除非雇员同意否则不会减少。[①]"目前，在社会法领域，国家授权机构之待遇给付与退休员工退休金请领，'请求权'的理论研究在我国尚属于空白地带。"[②] 在我国，如果将退休金给付请求权纳入私法领域内，以私法为调整规范，则意味着退休金给付请求权所涉主体即退休者、用人单位与劳动行政部门之间是平等关系。但是劳动行政部门（如社会保险经办机构）作为给付退休金的主体之一，除了为退休者发放退休金以外，也要负责进行监督检查退休费用的征缴等工作，与用人单位、退休者之间是不平等的社会管理关系。而就退休者与用人单位而言，二者也不属于平等的关系。现行法律体系已然将劳动合同从传统民法之债中分离出来，"劳动法对劳动合同的内容作了很多的限制，劳动合同已不能简单地适用合同自由原则，因为受国家法律与集体合同的限制，使劳动合同独立于民事合同，置于劳动法的范畴，具有了社会性品格，其法理念在相当程度上体现社会大众的利益，不能简单地将劳动合同看作劳动者与用人单位之间'私的合同'[③]"。所以，目前在社会法法域中调整退休金给付请求权更加适宜。

退休权一直以来也在朝着实现平等价值的方向发展。在实现平等权方面，退休法律规范首先要求形式上的平等，不得以性别、民族、年龄等原因歧视退休者、实行差别待遇，而且还应当考虑如何减少分配差距、实现实质上的平等，进而达到实现社会公平的目标。当然，这一过程须要调整退休权与平等权的分歧，例如资源配置这样的问题会被视为一个障碍。

退休权与生存权具有密切的关系。一般而言，在退休权等具有社会权

① Vested Rights of CalPERS Members: Protecting the pension promises made to public employees, http://www.calpers.ca.gov/eip-docs/about/press/news/vested-rights.pdf: 8.

② 郑尚元：《企业员工退休金请求权及权利塑造》，《清华法学》2009 年第 6 期。

③ 参见林嘉《劳动法与社会保障法》，中国人民大学出版社 2009 年版，第 118—119 页。

性质的权利之根底下，蕴存着生存权，即要确保人在社会生活中的应有尊严。[①] 倘若个人生活没有物质的保障，那么人格尊严也难以完全实现。退休者受领退休金，维持基本生活需要，无论由国家机关、事业单位还是企业提供该给付，都是因退休者在退休之前从事的自主性工作而得，相比接受恩惠式的社会救助，退休法律制度使得退休者生活得更有尊严。

退休权与工作权紧密相连。依据法律规定，参加社会保险等为劳动契约中的法定条款，若有补充性保险等可由劳资双方约定。在劳动契约中规定了退休金给付以及其他与退休有关的事项，劳动者方能在适当的劳动环境下安心地工作。"退休金可以让职工与企业融为一体，不再想着换工作，利于创造一个不受外界变化影响的'内部劳动力市场'[②]"，增强劳资双方对于彼此的信任，充分发挥工作权的积极作用。

（三）退休法律关系的客体

退休法律关系的客体是退休法律关系双方当事人的权利和义务所指向的对象。客体作为权利和义务的载体，体现双方当事人的利益；同时，作为双方当事人所支配的共同对象，是双方当事人相互利益关系的连接点。[③] 退休法律关系的客体包括物与行为：物分为用人单位与劳动者共同缴纳的退休费用与退休者受领的退休金；行为分为退休者退出劳动领域、用人单位为其办理退休手续与退休金给付。劳动者为用人单位工作期间，用人单位提供劳动报酬等，劳动者一旦因为年老或身体失能而退出工作岗位时，将面临失去劳动报酬、如何维持生计的问题。为了保障劳动者退休后的生活，用人单位给付退休金，减少劳动者可能因停止受领劳动报酬而导致的生活困难；同时，退休金给付也有助于用人单位保有劳动力、减少劳动力流动的成本、增加劳动者对于用人单位的信任度而能够全身心投入工作。因此，在我国，退休法律关系客体主要指向退休金给付。在"退休金给付"中的"给付"系指履行行为，具体表现为金钱给付或者实物给付等形式。关于此项含义，学界的分歧尚不突出，故而考察"退休金"的词源对于理解"退休金给付"更有意义。

1. 退休金的词源变迁

目前我国法学理论界与司法实务界对于"退休金"一词的使用不甚

---

① 参见［日］大须贺明《生存权论》，林浩译，法律出版社2001年版，第217页。

② ［法］安德烈·拉布戴特：《退休制度》，范晓雷译，商务印书馆1997年版，第8页。

③ 王全兴：《劳动法》，法律出版社1997年版，第88页。

清晰，与"养老金"等概念混用的情况较多，至今尚未有法律规范性文件对于退休金的含义进行界定，也没有法学界主流通说观点进行指引。误用、混用的结果不仅导致相关学术研究的混乱，也使得社会公众的认识无法统一，以致相关的退休权利无法得以确认。如果对于"退休金"含义的研究能透过语词的表面而深入到社会现实中去，那么将有利于退休权尤其是退休金给付请求权的实现。

在"退休金"这一语词中，从字面上来看，"退休"指劳动者停止工作、退出劳动领域，"金"可以指金钱或实物等。我国《汉书·疏广传》规定"天下吏比二千石以上年老致仕者，三分故禄，以一与之，终其身"，是指比二千石以上官阶的官员退休，可以用原来俸禄的三分之一来养老。唐朝颜师古在《汉书十九卷上·百官公卿表》注云："比二千石者，（其俸月各）百斛。"斛与石相通，十斗为一斛，为古代常用容量单位，也可指称取粮食的器具。比二千石级别的官员，俸禄是每月一百斛（粮食），每年一千二百石（粮食）。《隋书·炀帝纪上》记载"年七十以上，疾患沉滞，不堪居职，即给赐帛，送还本郡，其官至七品已上者，量给廪，以终厥身。"此处，年龄七十以上的七品以下官员，致仕之时一次性得到实物赏赐即布帛，七品以上官员，可以享受给付米之待遇直到终老。清朝《乾隆官修》记载"凡官员致仕者，督、抚、布、按、总兵各给园地三十六亩，道员、副将、参将各给园地二十四亩，府、州、县、游、守等官各给园地十八亩"①，将土地作为退休之给付赏赐给致仕的官员。由此可见，官员的退休待遇自古以来表现形式多种多样，给谷、给帛、给地等实物给付皆有体现。清朝后期开始，致仕的待遇主要以赏赐俸禄的行为为主。随着市场经济的发展，雇主要求提高交易效率、降低交易成本，退休者也出于生活需要与便捷的考量，一般而言，都倾向于选择金钱作为退休金的主要形式。

在英语中，"pension"系指退休金。该词来源于古法语单词"pension"，最初的意思是付出的款项、租金；16世纪20年代，首次出现"考虑到过去的服务而有规律地给付金钱"的释义②，比较接近现代退休金的

---

① 参见樊明《退休行为与退休政策》，社会科学文献出版社2008年版，第52—57页。

② Etymology of pension，http：//www.etymonline.com/index.php? allowed _ in _ frame = 0&search = pension&searchmode = none.

含义。牛津词典对于"pension"的解释为：政府或公司有规律性地给付给特定的因年老或者疾病而无法工作的主体的一定数量的金钱。在美国，一般称为退休金计划"employee pension benefit plan"或者"pension plan"，最早认为退休金产生的两个原因：一是确保年老或者身体失能的退休者能够维持自己的基本生活；二是鼓励生产效率已经下降的年老雇员主动退出工作岗位。① 美国 1974 年《雇员退休收入保障法》（ERISA）界定退休金计划为由雇主或劳工组织或两者共同在今后或者以前建立或维持的计划、基金或方案，以提供给雇员退休收入或者导致了延迟收入，这部分雇员周期性的延迟收入涉及就业的终止或者超出了这一范围，无论计算退休金计划的补贴的方法、退休金计划之下的退休金方法或者退休金计划的分配受益的方法，在所不问。② 在英国与爱尔兰，退休金计划称为"pension schemes"，英国 1993 年《退休金法案》（Pension Schemes Act）在序言中指出退休金的类型为职业退休金、个人退休金与公共退休金，对于职业退休计划金与个人退休金计划均界定了二者的前提是该项计划包含在某一项或多项协议之中，这些协议在某一种或多种类型的雇佣之中能够产生或者已经产生效力。③ 德国 1974 年《企业退休金法》（Gesetz zur Verbesserung der betrieblichen Altersversorgung，简称 BetrAVG）第 1 条第 1 项第 1 句对于企业退休金定义为雇员因为劳动关系而被雇主给予的年老、残

---

① F. Spencer Baldwin, "Old Age Pension Schemes: A Criticism and a Program", *Quarterly Journal Of Economics*, Vol. 124, No. 4, 1910, p. 714.

② Employee Retirement Income Security Act, ERISA. Title I. Section 3. DEFINITIONS (2) the terms "employee pension benefit plan" and "pension plan" mean any plan, fund, or program which was heretofore or is herea fter established or maintained by an employer or by an employee organization, or by both, to the extent that by its express terms or as a result of surrounding circumstances such plan, fund, or program—

(i) provides retirement income to employees, or

(ii) results in a deferral of income by employees for periods extending to the termination of covered employment or beyond, regardless of the method of calculating the contributions made to the plan, the method of calculating the benefits under the plan or the method of distributing benefits from the plan.

③ Pension Schemes Act. PART I Preliminary "occupational pension scheme" means any scheme or arrangement which is comprised in one or more instruments or agreements and which has, or is capable of having, effect in relation to one or more descriptions or categories of employments so as to provide benefits. "personal pension scheme" means any scheme or arrangement which is comprised in one or more instruments or agreements and which has, or is capable of having, effect so as to provide benefits.

疾或遗属生活的给付。从各国法律的界定中可以看出退休金计划的施行都是以存在劳动关系为前提，当劳动契约中依法规定了退休金计划，雇员方可按照受领。[①]

2. 退休金与相关概念的区别

第一，退休金与养老金的区别。二者的主要区别在于受领主体不同。"养老金是指法定部门或组织根据法律规定的条件、对象、标准、方式和程序筹集、管理、运营和使用的专门用于社会成员养老的专门资金形态。"[②] 养老金的受领主体可以是全体社会成员，包括农民、自由职业者、学生、短期工作者与家庭妇女等主体。因年老或身体失能无法继续劳作之时，这部分主体除了依靠家庭、慈善机构等供养之外，可以通过领取养老金或社会救济等方式维持基本的生活，但因为他们没有实施职务行为或者狭义的劳动行为，所以不能领取"退休金"。

在德国，法定基本养老保险制度是一项强制性的保险制度，其资金来源主要是雇主、雇员缴费与国家补贴。《社会法典》规定的所有以获取劳动报酬为目的的从业人员或参加职业培训的人员是法定基本养老保险的对象，而是否属于保险对象，是以人事上是否对雇主存在依附关系为标志的。[③] 这部分主体因年老、工作能力减退、死亡等原因领取（或配偶、子女因退休者死亡而受领）的金钱应当称为"退休金"，除此之外，BetrAVG 同时规定雇主给付雇员退休金。"退休金"应当包括法定基本养老保险金与企业养老金。而其他群体，比如低收入或短期工作者、学生、家庭妇女等可以根据法律规定自愿参加法定基本养老保险，对于农场主、自由职业者均有相应的法定基本养老保险制度，这部分主体领取的给付应当称为"养老金"。养老金之受领不以劳动契约与劳动行为为前提，养老金

---

① Gesetz zur Verbesserung der betrieblichen Altersversorgung（Betriebsrentengesetz-BetrAVG）1 Zusage des Arbeitgebers auf betriebliche Altersvorsorge（1）Werden einem Arbeitnehmer Leistungen der Alters-、Invaliditäts-oder Hinterbliebenenversorgung aus Anlass seines Arbeitsverhältnisses vom Arbeitgeber zugesagt（betriebliche Altersversorgung），gelten die Vorschriftendieses Gesetzes. Die Durchführung der betrieblichen Altersversorgung kann unmittelbar über den Arbeitgeber oder über einen der in § 1b Abs. 2 bis 4 genannten Versorgungsträger erfolgen. Der Arbeitgeber steht für die Erfüllung der von ihm zugesagten Leistungen auch dann ein, wenn die Durchführung nicht unmittelbar über ihn erfolgt.

② 张新民：《养老金法律制度研究》，人民出版社 2007 年版，第 70 页。

③ 德国现行的基本养老保险法律制度可以概括为三个层次：法定基本养老保险制度、企业基本养老保险制度与私人基本养老保险制度，详见本文第四章。

的强调重点应当在于"老而有所养"，其对象应是全国所有符合受领条件的自然人。养老金在于能够公平地为社会成员提供社会保障，不仅包括因劳动契约而对用人单位具有人身从属性、经济从属性与组织从属性的劳动者，也包括农民、自由职业者等其他国民。

我国《社会保险法》① 明确规定了缴纳基本养老保险费的主体为企业及其职工。2014 年 10 月 1 日以前，公务员以及参照公务员法管理的工作人员依据《公务员法》第 79 条的规定其退休金等所需经费均列入财政预算予以保障，个人不须缴费。参照公务员法管理的事业单位工作人员也不须缴费。而对于无雇工的个体工商户、未在用人单位参加基本养老保险的非全日制从业人员以及其他灵活就业人员则以自愿缴纳基本养老保险费为主。2009 年 9 月 1 日国务院颁行《关于开展新型农村社会基本养老保险试点的指导意见》规定新农保的参保范围是"年满 16 周岁（不含在校学生）、未参加城镇职工基本养老保险的农村居民。"养老金待遇"由基础养老金和个人账户养老金组成，支付终身。"这两项规定直接指出农民缴纳"基本养老保险"，领取"养老金"，而不是"退休金"，为《社会保险法》第十条和第二十条②的规定提供了先行的立法依据。同样呼应《社会保险法》第十条关于缴纳基本养老保险主体规定的还有 2011 年 6 月 7 日国务院发布的《关于开展城镇居民社会基本养老保险试点的指导意见》，其中第三项规定"参保范围是年满 16 周岁（不含在校学生）、不符合职工基本养老保险参保条件的城镇非从业居民，可以在户籍地自愿参加城镇居民基本养老保险。"第六项规定"养老金待遇由基础养老金和个人账户养老金构成，支付终身。"这部分"不符合职工基本养老保险参保条件的城镇非从业居民"的主体亦是缴纳"基本养老保险"，领取"养老金"，而非"退休金"。虽然立法上仍然没有界定具体概念以及解释其中的差别，但是从缴纳主体上可以发现我国"退休金"系指公务员、事业单位职工与企业雇员受领的退休待遇，

---

① 《社会保险法》第 10 条规定："职工应当参加基本养老保险，由用人单位和职工共同缴纳基本养老保险费。无雇工的个体工商户、未在用人单位参加基本养老保险的非全日制从业人员以及其他灵活就业人员可以参加基本养老保险，由个人缴纳基本养老保险费。公务员和参照公务员法管理的工作人员基本养老保险的办法由国务院规定。"第 13 条规定"国有企业、事业单位职工参加基本养老保险前，视同缴费年限期间应当缴纳的基本养老保险费由政府承担。基本养老保险基金出现支付不足时，政府给予补贴。"

② 《社会保险法》第 20 条规定："国家建立和完善新型农村社会基本养老保险制度。"

而"养老金"的覆盖面已经越来越广泛，尤其是当前在全国农村与城镇推行的新型社会基本养老保险，即是为2020年建立全国覆盖城乡社会保障体系的战略目标而进行的努力尝试与探索。

第二，退休金与基本养老保险费、基本养老保险的区别。在法学相关理论研究中，有学者指出"在筹集阶段养老金称为基本养老保险费或社会保险税款；在托管和投资运营阶段称为养老金基金或养老资金；而在支持或使用阶段又被称为退休金或养老金待遇。[1]"根据我国相关立法规定，如《社会保险法》第10条规定，职工应当参加基本养老保险，由用人单位和职工共同缴纳基本养老保险费；国务院《关于深化企业职工基本养老保险制度改革的通知》（国发〔1995〕6号）规定，基本养老保险费用由企业和个人共同负担，实行社会统筹与个人账户相结合；国家税务总局《关于企业工资薪金及职工福利费扣除问题的通知》（国税函〔2009〕3号）规定，"工资薪金总额"，是指企业按照本通知第一条规定实际发放的工资薪金总和，不包括企业的职工福利费、职工教育经费、工会经费以及基本养老保险费。用人单位和劳动者共同缴费阶段一般使用"基本养老保险费"；当退休要件成就、劳动合同终止，退休者则开始受领"退休金"。

基本养老保险的概念目前尚未统一，有学者认为"又称为老年保险，是指国家通过立法强制建立基本养老保险基金，劳动者达到法定的退休年龄并退出劳动岗位时，可以从基本养老保险基金中领取养老金，以保证其基本生活的一种社会保险制度。[2]"也有学者认为"又称为年金保险，是国家根据劳动者的体质和劳动力资源的状况，规定一个年龄界限，允许劳动者在达到这个年龄界限时，作为年老丧失劳动能力，解除劳动义务，由国家和社会提供物质帮助，保障劳动者晚年生活，使得老有所养的一种社会保险制度。[3]"无论何种界定，基本养老保险是一种社会保险制度，根据《社会保险法》规定，目前基本养老保险的覆盖面除了原有的职工，已经扩大到农民、无雇工的个体工商户等非全日制从业人员以及其他灵活就业人员，基本养老保险包括了职工基本养老保险、城镇居民社会基本养

---

① 张新民：《养老金法律制度研究》，人民出版社2007年版，第71页。
② 林嘉：《劳动法与社会保障法》，中国人民大学出版社2009年版，第333页。
③ 覃有土、樊启荣：《社会保障法》，法律出版社1997年版，第175页。

老保险和新农保。该制度覆盖的主体范围与退休金给付的主体有一定的重合，但是范围要更广。

第三，退休金与经济补偿金的区别。原劳动部在《关于终止劳动合同支付经济补偿金有关问题的复函》（劳部发〔1996〕243号）中对经济补偿金做出了界定：经济补偿金是指劳动合同解除时，企业按照《劳动法》及其配套规章《违反和解除劳动合同的经济补偿办法》（劳部发〔1994〕481号）的规定，支付给职工一定数额的补偿金。《劳动法》第28条规定用人单位根据双方协商一致（第24条）、经济性裁员（第27条）与无过失性辞退（第26条）等给付职工经济补偿金。2008年施行的《劳动合同法》第46条规定了用人单位给付经济补偿金的七种情形，其中保留了《劳动法》规定的双方协商一致（第36条）、经济性裁员（第41条）与无过失性辞退（第40条）等三种情形。经济补偿金一般是一次性给付，目的在于用人单位为了减少劳动者不是因为主观过错而失去劳动报酬、可能造成生活上难以维系的风险。劳动者受领经济补偿金后，可以继续寻找其他就业机会，这与退休金在一定程度上是为了减少劳动力流动的目的不尽相同。

3. 退休金的界定

本文所称的退休金，是广义上的退休金，包括了公务员、事业单位的退休金与职业年金、国家规定的企业职工基本养老保险与企业年金、个人储蓄性保险等以及劳动者因丧失工作能力退出工作岗位受领的失能给付金等。从一定意义上而言，退休金可以界定为：国家机关、事业单位或企业依照法律规定对于公务员、事业单位工作人员或企业职工由于工作达到规定年限或本人达到规定年龄或身体失能无法继续工作而给付的一定数额的金钱。这表明受领退休金的主体具有特定性，即公务员、事业单位工作人员或企业职工；受领主体的行为具有特殊性，即公务员等因依法履行公职、纳入国家行政编制、由国家财政负担工资福利，雇员因与用人单位签订了劳动契约，故而实施了相应的执行公务或者劳动行为；受领的条件具有限定性，即工作达到一定时限或者身体失能导致无法继续工作，强调的重点在于"退休"，即公务员、事业单位工作人员或企业职工退出职场，进行休养。

另外，根据《社会保险法》规定，我国退休金给付中的企业职工基本养老保险通常是自退休者退休时起至其身故为止（或至一定期间为止），一般采用定期即按月受领的方式。同时个人账户不得提前支取，记账利率不得低于银行定期存款利率，免征利息税。个人死亡的，个人账户余额可以继承。退休者死亡后，其扶养的配偶或其他近亲属，也可能面临失去经济来源无法继续维持生活的情形，因此建立退休金给付的遗属继承充分体现了国家积极履行作为义务与对于退休者及相关主体的深深的人文主义关怀。

第三章

退休法律制度及其理论基础的变迁

劳动者进入市场，以获取的劳动报酬维系自我及家庭的生产生活，同时，因其人身、组织和经济等方面从属于用人单位，所以对于用人单位有较强的依赖性。但是，当劳动者因年老、疾病等原因而丧失劳动能力退出劳动市场之时，劳资双方对于退休法律问题的争议，自启蒙时代以来，一直未能妥善解决。从表象上看，这主要与启蒙时代以来各国对该问题的关注程度及相应的退休法律制度的不同有很大关系。但深层言之，退休法律制度背后的理论基础的不同却是其实质之所在。由此，对于退休法律制度背后的理论基础变迁的研究，将极大地有助于人们对退休法律制度的理解和把握，包括其来龙去脉和未来的可能走向等，以更好地发现退休法律制度变迁与社会经济的发展变化的一般规律，促进退休法律问题争议的有效解决。

第一节 萌芽时期：自由主义的衰退与古典自然法学的式微

在主张自由放任经济的启蒙时代，古典自然法学追求并努力确立自由、平等、民主等价值取向，对资产阶级扫除封建势力的阻碍，发展自由的市场经济，起到了巨大的推动作用。对此，洛克认为，人生来就是平等的，不存在从属或受制关系，人们之间互助、友爱、共存，其社会生活只接受以自然权利的维护为核心的自然法的统治和支配[①]，因而，面对个人的自由与平等，即使政府亦不能随意越位或侵权。"没有本人的同意，最高权力不得从任何人那里夺走其财产的任何一部分。如果它专断地不适当地处理人民的生命和财产，那么它就违反了社会契约的基本条件和它得以

---

① 参见王申《约瀚·洛克的法律思想简析》，《法学》1985 年第 12 期。

掌握权力所依凭的委托关系。①"相应地，就经济层面而言，正如亚当·斯密在《国富论》中所指出的，借助价值规律这只"看不见的手"，使得对内对外的商业不受任何行政干预和限制，一个国家就能得到充分的发展与繁荣。② 简言之，要求政府作为"守夜人"政府，尽其有限职责即可，不须干预市场主体在市场经济的具体运行。这无疑有助于劳动力的极大解放——劳动者获得了人身自由，进而推动了自由资本主义的极大发展。然而，正如马克思所指出的，在这个时期，劳动者除了自己的劳动力以外，既没有生产资料又没有生活资料，除了出卖自己的劳动力之外，别无生路，因而，逐渐摆脱了农奴制和奴隶制束缚的"劳动者"，事实上却又陷入了一种获得人身自由却没有物质支持供给生活的窘境。"一个人是贫是富，就看他能在多大程度上负担得起和享受人生的必需品、便利品以及种种娱乐消费品。他是贫是富，要看能支配多少劳动。"③ 当面临年老、因工丧失劳动能力等情况时，劳动者更是雪上加霜，不仅经济上无法独立，法律上没有保障，还需要家庭提供帮助，家庭成员互相扶持度日。

因而，随着产业革命的风起云涌，人们被迫离开土地，放弃家庭扶养的社会生活模式，投入现代机器大工业的生产之中，以换取低廉的工资，维持社会基本的生产和生活，劳动力自此开始成为了商品④。当自由资本主义逐步开始向垄断资本主义过渡，生产社会化程度进一步提高，社会矛盾日益凸显，劳资矛盾非常突出。劳动者争取自己利益的斗争也一直没有停止，随着斗争的深入开展，劳动者逐渐认识到完善的退休法律制度极为重要，并一直为此进行了积极的抗争。终于在 1875 年，美国运通公司（American Express Company）为其雇员建立了世界上第一个正式的私有退休金计划。⑤ 最初，它只为"永久残疾"的工人支付伤残抚恤金。一个伤残雇员必须为公司服务了 20 年，并且已经年满 60 岁，才有资格从退休金计划中获得利益。后来，随着社会的继续发展，私有退休金已逐渐成为了现金报酬及补充性的其他福利，同时也成为了雇主吸引雇员的有效手段，

---

① ［美］博登海默：《法理学：法律哲学与法律方法》，邓正来译，中国政法大学出版社 2004 年版，第 60 页。

② ［法］安德烈·拉布戴特：《退休制度》，范晓雷译，商务印书馆 1997 年版，第 6 页。

③ ［英］亚当·斯密：《国富论》，唐日松等译，华夏出版社 2004 年版，第 7 页。

④ 《马克思恩格斯全集》第 6 卷，人民出版社 2010 年版，第 489 页。

⑤ 林羿：《美国的私有退休金体制》，北京大学出版社 2002 年版，第 6 页。

而且大部分雇主为其雇员提供退休金计划的主要原因之一是使他们因此而享受优税待遇。① 同时，除了企业意识到工人运动不断高涨带来的压力以外，当政者也开始思考采用何种实际措施来平复劳动者越演越烈的不满情绪。1889 年 5 月 1 日，德国煤矿工人举行了声势浩大的罢工，出于对革命和工人运动的恐惧，议会被迫做出让步，"铁血宰相"俾斯麦为了使本国经济最大效率地运行以及避免更多激进的社会主义者的选择需要，于同年 5 月 24 日通过《老年与伤残保险法》，并定于 1891 年 1 月 1 日实施。该法把领取退休金的年龄降为 65 岁（政府草案规定为 70 岁）并写入了国家补贴条款，即国家在每份津贴中每年补贴 50 马克，这是三大保险法（《疾病社会保险法》、《工伤事故保险法》和《老年与伤残保险法》）中唯一写入国家补贴的法律。② 至此，德国建立了世界上最早的退休法律制度。

而在此之前，马克思主义已经开始在德国工人中间传播开来。1845 年 9 月，恩格斯在《最近发生的莱比锡大屠杀——德国工人运动》一文中已经指出"从西里西亚起义（通常所用的 1844 年 6 月的织工斗争）开始的无产阶级运动已经蔓延到整个德国……无产阶级运动以惊人的速度展开了，一两年后，我们就可以检阅光荣的工人队伍，即民主主义者和共产主义者的队伍。"③ 另外，在德国，尽管首相俾斯麦具有很强的右翼倾向，可是仍然因为推动了退休法律制度的建立而被视为社会主义分子，正像 70 年后美国总统罗斯福一样。在 1881 年国民议会演讲中，俾斯麦回应道，"将社会保障称为社会主义或者其他叫法都可以，反正对我来说都一样。"④ 事实上，按照马克思政治经济学理论，这与社会主义并不相同，根本原因在于它并没有改变（也不想改变）生产资料私有制的本质属性。马克思认为，生产资料所有制是生产资料归属的问题，即生产资料在人们之间的分配关系。这种分配关系"是在生产关系本身范围内，落到同直接生产者相对立的、生产关系的一定当事人身上的那些特殊社会职能的基础。这种分配关系赋予生产条件本身及其代表的特殊的社会性质。它们决

---

① 林羿：《美国的私有退休金体制》，北京大学出版社 2002 年版，第 6 页。

② 赵立新：《德国日本社会保障法研究》，知识产权出版社 2008 年版，第 31 页。

③ 《马克思恩格斯选集》第 2 卷，人民出版社 1995 年版，第 629—630 页。

④ James A. Johnson，Carleen Stoskopf，*Comparative Health Systems：Global Perspectives*，Jones & Bartlett Learning，2011，p. 154.

定着生产的全部性质和全部运动。"① 而在资本主义制度下，资本主义生产方式在生产一开始就有两个特征：第一，它生产的产品是商品。产品作为商品占统治地位，这首先就含有劳动力也成为商品，劳动表现为雇佣劳动。② 劳动表现为雇佣劳动，生产资料也就成为资本。资本和雇佣劳动的关系就决定着资本主义生产方式的全部性质。资本家和雇佣工人不过是资本和雇佣劳动的人格体现，是社会生产过程加在个人身上的一定社会性质，是资本和雇佣劳动这种社会生产关系的产物。第二，"剩余价值的生产是生产的直接目的和决定动机。资本本质上是生产资本的，但只有生产剩余价值，它才生产资本。"③ 马克思、恩格斯认为社会主义实行生产资料公有制，消灭生产资料私有制和建立生产资料公有制，是社会主义最主要的特征，是社会主义制度同资本主义制度具有决定意义的差别。无法触及深层次的根源，貌似形式上的趋同不可能成为真正的社会主义。重视个人利益与个体经济发展的社会境况已经无法满足现实的需求。为了缓解矛盾，防止动荡，稳定既得的统治，对于创造社会财富的主体却没有获得相应法律保障的劳动者们的关注逐渐被提到统治者的议事日程中。

第二节　建立时期：国家干预理论的诞生与社会学法学的盛行

"在美国，从股票市场崩溃到 1932 年（大萧条时期最惨的一年），经济一直在螺旋式下降。为了保障投资者利益，物价不能降，于是销售量下降，只有用解雇工人的办法来降低商品成本，结果，销售额越下降，被解雇的工人就越多，引起购买力的全面萎缩。产业工人和农民谁也没钱买对方的产品。所以，在同一时间，同一个国家里，既是生产过剩，又是消费不足。"④ 当这次经济危机席卷全球之时，人们开始意识到自由放任经济存在的诸多问题，市场不再是万能的，一旦出现市场失灵的窘况，政府不

① 中共中央马克思恩格斯列宁斯大林著作编译局：《资本论》第 3 卷，人民出版社 2004 年版，第 994 页。
② 《马克思恩格斯选集》第 2 卷，人民出版社 1995 年版，第 629—630 页。
③ 《马克思恩格斯选集》第 2 卷，人民出版社 1995 年版，第 996 页。
④ 参见［美］威廉·曼彻斯特《光荣与梦想》，朱协译，海南出版社、三环出版社 2006 年版，第 24—25 页。

能再拘泥于原来有限的夜警职能，而应当挺身而出运用其权力有效地干预经济。这一时期，英国的大经济学家凯恩斯提出了著名的国家干预理论。他认为既然个人自由是不真实的，开明的私利是不符合实际的，私人利益与社会利益未必相互一致，个人未必贤于政府，因此，政府干预有其必然性、必要性。他提出了政府干预的完整思想，坚决主张必须扩大政府职能，刺激需求，扩张经济的管理政策，通过政府对消费倾向和投资的干预来摆脱危机走向繁荣。

伴随着经济思想从自由放任主义到国家干预的转向，法学理论上也发生了新的变化。这一时期著名的社会学法学创始人庞德首先把利益定义为："人们，个别地或通过集团、联合或关系，企求满足的一种要求、愿望或期待；因而利益也就是通过政治组织社会的武力对人类关系进行调整和对人们的行为加以安排时所必须考虑到的东西。[①]"他指出："法律的目的是产生最大多数的利益，或在最低程度地牺牲其他利益的情况下，产生在我们的文明中分量最重的利益。我试图思考的问题是，在人类对现有物品的享有，以及作为这些目的赖以成就的社会工程制度的法律秩序方面，消除摩擦，避免浪费。"[②] 这种希冀通过社会控制来保护个人利益的愿景进一步奠定了美国法律体系中最为重要的宪法基础，同时，也为战后政治体制发展与经济复苏提供了强而有力的法律支持。社会开始力求保护个人，以防止现代工业雇佣中的不稳定性，并逐渐承认维持退休工人和失业工人的费用，像意外事故的花费一样，都应当作为生产成本开支的一部分，而不是由有关的个人直接承担。[③] 1935 年，美国总统罗斯福签署了《社会保障法案》，规定 65 岁以上的退休工人、残疾人每个月可以领到规定数额的退休金。[④] 该法案是世界上第一部社会保障立法，明确规定了退休年龄以及退休金给付等问题。自此，西方各国纷纷出台退休立法，使得退休法律制度成为当权者稳定国家政权、安抚社会力量的重要手段。

20 世纪 30 年代，经济危机与专注自由平等的古典法学使得人们对于

①　张文显：《二十世纪西方法哲学思潮研究》，法律出版社 2006 年版，第 104 页。

②　[爱尔兰] J. M. 凯利：《西方法律思想简史》，王笑红译，法律出版社 2002 年版，第 345 页。

③　[美] 伯纳德·施瓦茨：《美国法律史》，王军等译，法律出版社 2007 年版，第 174 页。

④　Ryan G. Murphy, "*The History of Retirement*: *400 years of seeking financial security*", *Investment Advisor*, No. 4, 2006.

权利的需求发生了转向，不再是渴望建立干预最少的政府以及过分追寻公民个人权利的获取。而战争这一外部因素也促使劳动者诉求更高数额的退休金与更多功能性的社会变革。1942 年，英国著名经济学家贝弗里奇爵士受政府委托，经过调查研究提出了《社会保险和相关服务》（《贝弗里奇报告》）。在战后有关社会政策的争论中，没有哪一部历史性文件可以像贝弗里奇报告一样被如此频繁地引用，① 该报告成为社会保障发展史上里程碑式的著作。在该报告的第三部分"三个特殊问题"中"老年问题"② 的内容对于退休最低年龄与退休金的关系认定做出了规定。"任何名副其实的社会保障计划，都必须保证每个公民在其一生的工作中，只要尽其所能地履行了劳动义务，作为权利，都能在年老退出工作后申领足以维持基本生活的收入。这就意味着，作为社会保障计划的基本部分的社会保险，要在劳动者退出工作后为其提供退休养老金，使劳动者即使没有其他任何经济来源（有些退休金受领者也确无其他经济来源）也能满足其基本生活。""社会保障计划中的养老金是退休养老金，而不是老龄养老金。没有固定的退休年龄，而只有最低领养老金年龄——男 65 岁，女 60 岁，达到或超过该年龄后，每个人都有权选择退休并申领退休养老金。"③ 这一报告为英国在世界上率先成为"福利国家"起到了纲领性的指引作用。在此影响下，西欧国家、北欧国家、北美洲国家、大洋洲、亚洲等发达国家和地区，也先后宣布实施"普遍福利"的政策，④ 从退休年龄、工龄要求与受领退休金的条件等方面对于退休法律制度进行了细致规定。政府在建立退休法律制度的过程中扮演了主要角色，建立了符合当时社会大众需要的政治机制和法律体系，有效地保护了弱势群体的利益。

1952 年，第 35 届国际劳工大会上通过的《社会保障最低标准公约》对社会保障在各国的建立和推广起了重要的作用，被誉为"社会保障的

---

① Howard Glennerster and Martin Evans, *Beveridge and his assumptive worlds*：*the incompatibilities of a flawed design*, John Hills, John Ditch, Howard Glennerster. *Beveridge and social security*：*an international retrospective*. New York：Oxford University Press, 1994, p. 56.

② 《贝弗里奇报告》分为六个部分：导言和概论、主要改革建议及理由、三个特殊问题、社会保障预算、社会保障计划、社会保障和社会政策。其中第三部分"三个特殊问题"，包括待遇标准和房租问题、老年问题、赔偿途径问题。

③ 参见［英］英国文书局《贝弗里奇报告——社会保险和相关服务》，劳动和社会保障部社会保险研究所译，中国劳动社会保障出版社 2004 年版，第 102、106 页。

④ 覃有土、樊启荣：《社会保障法》，法律出版社 1997 年版，第 52 页。

国际宪章"。该公约共 14 章，其中第 5 章为"退休金"，对于退休金给付年龄、享受退休金的人数比例等问题进行了清晰的规定。公约虽然对世界各国并不具有普遍约束力，但是有关规定业已成为各国建立与完善本国退休法律制度的基本准则，该公约也被公认为西方社会保障发展史上的里程碑。

第三节　发展时期：自由放任与国家干预的有机结合与新自然法学的倡行

20 世纪 70 年代以后，资本主义进入了国家垄断主义的重要阶段。经济停滞、通货膨胀并存的滞胀出现在了经济生活中，政府失灵，战后备受推崇并挽救经济的凯恩斯主义受到了质疑与挑战。经济自由主义理论开始复苏，以哈耶克为代表，认为"我们逐渐放弃了经济事务中的自由，而没有这种经济自由，就不会产生以往时期的个人自由和政治自由。""个人自由政策是唯一真正进步的政策这一指导原则，在今天依然像它在十九世纪那样是正确的。"[1] 哈耶克认为，凯恩斯单纯从需求方面分析经济波动的做法是错误的，忽略了货币供应量变动的影响和生产结构失衡量所造成的后果，凯恩斯提出的国家调节经济的措施只可能造成财政赤字和通货膨胀并引起失业。[2] 各种经济学流派[3]均从不同角度、不同层面对于凯恩斯主义进行了批判，主张政府不要干预经济，应实行自由放任经济。另外，新凯恩斯主义也随之出现。新凯恩斯主义继承了凯恩斯主义的基本信条。然而，在具体的经济分析方法和经济理论观点上，新凯恩斯主义和凯恩斯主义之间存在着重要差别。新凯恩斯主义在分析中引入了凯恩斯主义所忽视的厂商利润最大化和家庭效用最大化的假设，吸纳了理性预期学派的理性预期假设，试图给凯恩斯主义宏观经济学奠定微观经济基础。[4]

---

① ［奥］哈耶克：《通往奴役的道路》，滕维藻，朱宗风译，商务印书馆 1962 年版，第 17—18、228 页。

② 王军：《哈耶克》，中国财政经济出版社 2006 年版，第 52 页。

③ 20 世纪 70 年代，西方在经济学领域，出现了很多主张新自由主义经济，批评凯恩斯主义的经济学流派，主要包括：货币主义、芝加哥学派、供给学派、新制度学派、公共选择学派、伦敦学派、新古典宏观经济学等。

④ 王健：《当代西方经济学流派概览》，国家行政学院出版社 1998 年版，第 281—282 页。

"凯恩斯主义认为工资和价格是刚性的，使供求关系不能发生应有的调节作用，使得市场不能处于'理想的'均衡状态。新凯恩斯主义进行了修正，他们认为市场并非是完全竞争的，企业也并非完全是价格的接受者。"① 但是，新凯恩斯主义仍然支持政府干预市场。

　　然而在越来越纷繁复杂的经济生活面前，政府并不是完全遵循自由放任主义或是国家干预理论就可以泰然面对。经济体制固有的矛盾，经济危机周期的缩短，种种迹象都表明经济的发展需要自由的市场，但同时也需要国家进行适度的干预。自由竞争遵循价值规律这只"看不见的手"与国家实施宏观调控这只"看得见的手"并不是对立的两极，不是非此即彼的绝对选择，而应该是共生共存、有机结合在一起作用于经济之上。不能因为 20 世纪 30 年代出现的经济危机就否定以自由为本原的市场，也不能因为滞胀的出现就否定国家对于市场外部环境的切实保护与市场机制的有效调控。现代哲学所提供的辩证思维方式提醒人们，在致知取向上，不是追求绝对的终极之真，而是探索时代的相对之真，把真理理解为过程；在价值取向上，不是追求绝对的至上之善，而是探索时代的相对之善，把价值尺度理解为过程。②

　　认清这种"相对之真"与"相对之善"，即是需要一定程度上缓和的改革。探寻马克思主义劳动价值论的意蕴，我们发现滞胀的发生使得资本家靠剥削工人榨取大量剩余价值而与劳动者之间的矛盾更加激化，社会大众无法保证正常的当前生活消费，而退休之后的生活保障更是无以维系。经济状况的萎靡却要由工人埋单，势必将导致社会的动荡。但是哈贝马斯认为，"当机构化的科技进步已经成了间接剩余价值的基础时，在非熟练的（简单的）劳动力的价值基础上来计算投资于研究与发展的资本数额已经没有什么意义。而同这种间接的剩余价值相比较，马克思本人在考察中所得出的剩余价值来源，即直接的生产者的劳动力，就愈来愈不重要了。"③ 他认为马克思主义忽视了工人或资本家中的共识社群的产生，正

---

① 林学军、杨萱：《新古典主义与新凯恩斯主义比较的启示》，《生产力研究》2009 年第4 期。

② 孙正聿：《从两极到中介——现代哲学的革命》，《哲学研究》1988 年第 8 期。

③ ［德］J. 哈贝马斯：《论晚期资本主义社会革命化的几个条件》，《世界哲学》1983 年第 2 期。

是这些规范、观念和共识社群制约着人们的行动。① 建立并发展退休法律制度等在一定程度上缓和了劳动阶级与资本家之间的紧张关系。但是经济形势使得经济增长速度变缓,财政赤字严重,政府因福利制度开支巨大而承受了多方面的经济和社会压力。根据经合组织统计,美国、日本、比利时、荷兰、丹麦、瑞典等国的社会福利支出(主要是老年人的养老金和医疗费)占国内生产总值(GDP)的比重,在1960—1981年增加了一倍。联邦德国养老金支出占GDP的比重1960年为7.2%,1980年上升为11.2%;英国和法国同期分别由3.4%和5%上升到8.2%和10.5%。② 对于很多工人来说,对于工作的旧有观念即尽职尽责工作四十年以至在余后的二十多年里无事可做已经没有什么意义,人们想要在"工作终生"与"65岁以后无事可做"的两个选择之间寻求平衡,于是出现了能够协调职业与退休二者关系的若干选择,例如阶段性退休③,从事不令人感到紧张的职业等。④ 无论是政府的财政原因还是社会力量的内在要求,改革退休法律制度已是大势所趋。

法律体系必须保持独立的、自洽的姿态,但却不可能脱离社会完全自成一体。在很多情况下,法律的某些部分是镶嵌在社会之中的,并留下相关的社会印记。⑤ 新自然法学派代表人物罗尔斯在《正义论》中指出正义观体现为两个原则:"第一个原则是每个人对于其他人所拥有的最广泛的基本自由体系相容的类似自由体系都拥有一种平等的权利;第二个原则是社会的和经济的不平等应这样安排,使它们被合理地期望适合于每一个人的利益,并且依系于地位和职务向所有人开放。……第二个原则大致适用

① 佟新、朱晓阳、胡瑜:《歧视研究的方法论——底层劳动群体对歧视的认知》,载李薇薇, Lisa Stearns《禁止就业歧视国际标准和国内实践》,法律出版社2006年版,第107页。

② 熊必俊、郑亚丽:《老年学与老龄问题》,科学技术文献出版社1989年版,第31页。

③ "phased retirement" 阶段性退休,是指一种就业安排,允许即将要达到正式退休的雇员以减少工作量的方式继续保持工作,从而从全职工作过渡到完全退休,可以体现为兼职、季节性或者临时性工作等形式,是一种延迟退休的选择计划 [deferred retirement option plan (DROP)]。参见 Keith Brainard, "Phased Retirement Overview: Summary of Research and Practices". *NASRA*. 2002, p. 1.

④ James Martell, *The History of Retirement Planning*, http://www.thehistoryof.net/history-retirement-planning.

⑤ 季卫东:《法学理论创新与中国的软实力——对法律与社会研究的重新定位》,《上海交通大学学报(哲学社会科学版)》2008年第3期。

于收入和财富的分配，以及对那些利用权力、责任方面的不相等或权力链条上的差距的组织机构的设计。虽然财富和收入的分配无法做到平等，但它必须呵护每个人的利益。"① "一个社会应当努力避免使那些状况较好这对较差者福利的边际贡献是一负数……这自然地达到了社会各种利益的和谐，代表人不是在牺牲对方利益的情况下获利，因为只有互惠的利益才被允许。"② 著名学者德沃金在《认真对待权利》一书体现了他所倡导的核心思想即平等。他在解释"平等的考虑和尊重"这一终极的基本权利时，也把它同实际上的"待遇平等"相区别。所谓"待遇平等"，是指对价值物的平均分配，让每个人最终都得到同样多的东西。在他看来，公正要保障受到平等对待的权利，而非保障相同待遇的权利。相反，德沃金反对诸如"福利平等"之类的空想。他认为，企图保证每个人都得到同样的满足和成功是办不到的，这是由于根本不存在可操作的量度"满足"和"成功"的客观尺度，而迁就和满足那些"穷奢极欲"的人，既不公平，也不可能。然而，另外，德沃金又极力倡导"平等的关心和尊重"，主张对资源的平等分配。他认为，财富不可均分，但个人借以创造财富的社会资源，则应当平等分配，使各人得到近于"均等"的资源。社会保障的建立健全，是体现公平与利益的法学价值取向的重要体现。③ 事实上，退休法律制度正是劳动者退出劳动力市场但依然享有权利的一种正义平等的法律保护的延伸。但是，退休法律制度带来的财政压力使得福利国家不得不实行有效措施进行减负。

1986 年，英国保守党政府颁布新的社会保障法，将国家退休金的最高标准降低到平均收入的 20%，而不是工党政府时期的 25%；并且也开始了退休金私营化与市场化的改革。从 1988 年起，所有企业必须为其雇工建立职业退休金，政府对此予以一定的优惠措施，并鼓励个人通过银行储蓄、参加保险等方式，为自己准备养老费用。④ 1974 年 9 月 2 日，美国福特总统签署了《雇员退休收入保障法》，旨在通过设计一个综合的监管

---

① ［美］约翰·罗尔斯：《正义论》，何怀宏等译，中国社会科学出版社 1988 年版，第 60—61 页。

② 同上书，第 105 页。

③ 程立显：《德沃金的"权利—公正"论述评》，《中国人民大学学报》1999 年第 2 期。

④ 丁建定、杨凤娟：《英国社会保障制度的发展》，中国劳动社会保障出版社 2004 年版，第 171、175 页。

程序来保护数以百万计的依靠私有退休金作为退休生活经济支持的美国工人。[1] 1983 年社会保障修正案进一步确定劳动者的正常退休年龄从 65 岁提高到 2025 年的 67 岁。[2] 推迟退休年龄，在一定意义上缩短了退休者领取退休金的年限，保证了退休基金的累积，缓解了政府财政上的压力，但并不能够从根本上解决退休金账户存在巨大缺口的实质性问题。德国自 20 世纪 90 年代以来，基本养老保险费由 20 世纪 80 年代初占工资收入比例的 18.5% 提高到 19.2%；并延长退休年龄，1996 年 9 月，将男性劳动者的退休年龄从原定的 63 岁延长到 65 岁，女性劳动者的退休年龄从 60 岁延长到 65 岁，以此增加投保人数和基本养老保险费收入，并相应缩短退休者领取全额退休金的年限。[3]

进入 21 世纪以来，美国次贷危机引起的金融危机蔓延至世界各国，没有政府适度干预的自由主义与市场化，缺乏法律有效规制，使得看似固若金汤的世界金融体系几欲分崩离析。而面对经济窘况，百年的福利制度、社会保障制度如何继续维持，成为了各国政府与人民共同关注的最大焦点。而政府往往选择了将退休法律制度作为改革的救命稻草，其中主要涉及了延迟退休年龄、缩减公务员工资和退休金给付等计划。[4]

据欧盟统计，希腊的老龄化负担占 GDP 的 15.9%，位居全欧洲首位。老龄化的沉重压力意味着希腊政府需要承担更高的退休金给付与社会保障的给付。[5] 希腊自 2010 年 2 月发生 200 万工人大罢工以来，为了抗议政府财政紧缩计划即削减赤字计划包括冻结公务人员工资、削减各项福利，计划提高退休年龄，节省退休金给付支出等政策，又发生了多次全国性的罢工。

法国国民议会于 2010 年 10 月 27 日最终投票通过新的退休法律改革法案，包括两大核心内容，即将最低退休年龄从 60 岁提高至 62 岁以及将可领取全额退休金的退休年龄从 65 岁提高至 67 岁。法国政府公布的数据

---

① James Wooten. *The Employee Retirement Income Security Act of* 1974: *A Political History* (*California/Milbank Books on Health and the Public*)，Oakland：University of California Press，2005，p. 1.

② 牛文光：《美国社会保障制度的发展》，中国劳动社会保障出版社 2004 年版，第 230 页。

③ 和春雷等：《当代德国社会保障制度》，法律出版社 2006 年版，第 98 页。

④ ［美］Henry J. Aaron：《退休经济学—应用与实证》，汪泽英、耿树艳等译，中国劳动社会保障出版社 2008 年版，第 144 页。

⑤ 吴正龙：《希债危机"启示录"》，《解放日报》2011 年 7 月 19 日第 006 版。

显示，随着人口的老龄化，如果不改革退休法律制度，2010 年法国退休金给付赤字达到 323 亿欧元，2018 年将达到 423 亿欧元。这一改革法案在遭到了全国多次的大罢工抗议之下坚持出台，政府对于退休法律改革的态度甚为坚决。2013 年 12 月法国议会审议通过了政府此前提交的退休制度改革草案，明确了私有和公有领域就业者到 2035 年前退休必须满足缴纳养老金满 43 年才能享受全额退休金，以及企业雇员和老板每 4 年增加 0.3% 的养老保险缴纳数额的要求。①

　　退休法律制度从产生、建立及发展至今，具有其必然的经济、社会背景与法学基础。自由放任为主导的市场经济出现了无法克服的弊端与窘况，使得国家干预成为时代的正始之音，但力图追寻彻底的自由与全盘的干预这种两极泾渭分明的结果却产生了经济停滞与通货膨胀并存的奇特现象。事实上，"无形之手"与"有形之手"本来就是无法分割的整体，只有让二者在有机结合的基础上各司其职方能显示经济发展的旖旎风光。同时，法律作为上层建筑的重要组成，无时不在反映经济、社会的变革，并为其提供有效的保障与依据。自由、平等的个人利益先为资产阶级的兴起奠定了坚实的路基，但底层劳动者因为改革贡献身心却无法得到生活保障而欲形成抗议甚至推翻政府之势，此时，退休立法稳定了民心，缓和了社会矛盾。随着个人主义向集体主义发生转向这一法学价值取向的变化，以社会整体利益为本位的退休法律制度已经趋于完善。然而法律不能脱离于社会而单独存在，相伴于经济对其打上的深深烙印，个人权利与社会利益之间如何分配、如何均衡成为了新时期退休法律制度发展的重要法学基础。无论退休法律制度未来如何改革，或者调整退休年龄抑或改变退休金构成等，经济制度的变迁，法学价值理念的转向都将作为其重要的理论基础，推动其不断地向前发展。

---

① 梁晓华：《法国议会通过退休制度改革法案》，《光明日报》2013 年 12 月 22 日第 008 版。

第四章

制度构造之一：法定退休年龄的确立

世界人口老龄化是退休法律制度面临的最大挑战之一，人口寿命的持续延长更是加剧了这一问题的严峻性。退休年龄作为退休法律制度中最为可见的参数，比退休金给付、退休权等组成部分可以更加鲜明地证明该制度改革中的争议性问题。法律规定的退休年龄、工龄与其他决定退休的前提性因素，共同构成了退休法律制度的构造之一。退休年龄的法律规定作为法律制度的输出，它们是形容横断面中所见的法律制度的行为方法①。本章通过比较考察世界各国退休年龄的立法规律，分析我国退休年龄的演进、困境与亟待调整的原因，逐步提出我国法定退休年龄改革的架构。

第一节　退休年龄法律调整的变化及规律

退休年龄是劳动者因年老等原因退出劳动岗位、受领退休金应当达到的规定年龄。退休年龄是决定退休金给付的要件之一，在企业雇员的退休金给付体系中，退休年龄起着重要的作用，退休年龄决定是否提供全额的退休金给付。在公务员的退休金给付体系中，退休年龄主要包括最早受领退休金的年龄与需要延迟受领退休金的年龄。一些国家已经开始调整法定退休年龄来回应退休金给付的财政压力，而且退休年龄有可能因为反年龄、性别歧视的立法而进一步变化，最后有可能会导致废除强制退休年龄。

一　退休年龄法律调整的新变化

一般国家的立法都规定了法定退休年龄，但是也有一些国家没有规定

---

① ［美］劳伦斯·M. 弗里德曼：《法律制度——从社会科学角度观察》，李琼英、林欣译，中国政法大学出版社 2004 年版，第 16 页。

法定退休年龄，取而代之的是最早受领全额退休金的年龄，也可以称为适格受领退休金的年龄。不同国家对于适格受领退休金年龄的规定各不相同。① 回首 20 世纪 50 年代，可以发现在美国、德国、法国、英国、日本等经合组织国家中平均适格受领退休金的年龄为男性 62.5 岁②、女性 61.1 岁；展望 21 世纪 50 年代，法律将适格受领退休金的男女平均年龄逐步提高到 65 岁。③

与法定退休年龄紧密相关的另一概念是提前退休，它通常有两层意思：一是在法定退休年龄之前退出劳动领域；二是提前受领非全额退休金。④ 许多确定给付型的退休金计划通常都会包括提前退休条款，鼓励雇员在达到法定退休年龄之前提前退休，企业更倾向于以低工资雇佣年轻的雇员，来代替五六十岁的中低管理层的雇员。为了达到这个目的，企业建立了提前退休的激励机制，为适格的提前退休者提供额外的暂时性或者补充性给付一直到其达到法定退休年龄；或者在提前退休者达到法定退休年龄之前，为其提供全额或者比全额稍低的提前退休津贴；也会提供"提前退休窗口计划"，给予雇员一次性受领立即退休金给付的机会，这是在正常退休金计划中难以提供的。

美国最初选择 65 岁作为法定退休年龄不是任何自然科学或是老年学上的原因，而是因为 65 岁是一个折中并且能够为大多数人所接受的年龄。在制定社会保障法的过程中，曾经有人提议将 60 岁作为法定退休年龄，可是因为成本问题而没有得到考虑。70 岁是当时私有退休金普遍认可的退休年龄，但是也没成为社会保障法规定的退休年龄，因为 1935 年美国女性寿命仅为 63 岁，男性寿命只有 59 岁，一般人难以享受到 70 岁以后的退休金。65 岁也成为了政治上可以接受的退休年龄，因为考虑到当时

① Nicholas Barr and Peter Diamond. *Pension Reform*：*A Short Guide*，New York：Oxford University Press. 2009，p. 54.

② 本文在论述退休年龄的过程中，使用"岁"作为计算年龄的方法，一般而言均指"周岁"，特殊除外情形会有特别说明。

③ OECD. *Pensions at a Glance* 2011：*Retirement-income Systems in OECD and G20 Countries*，Paris：OECD Publishing，2011：20.

④ Bernhard Ebbinghaus. *Reforming Early Retirement in Europe*，*Japan and the USA*，New York：Oxford University Press，USA，2008，p. 7.

失业越加普遍所以各个派系反对更高的退休年龄。① 目前美国立法没有对退休年龄做出普遍适用性的规定，只在税法中规定如果未达到 59 岁半而从 401（k）计划和个人账户中提款将受到处罚。社会保障法修正案规定适格受领退休金的年龄是 62 岁，如果工人年满 62 岁退休，他受领的将不是全额退休金；如果他超过法定退休年龄并工作到 70 岁才退休，他受领的是超过正常比例的退休金。人们越来越希望工作到法定退休年龄，甚至延迟退休年龄。根据调查显示，2001 年，16% 的工人希望工作到 66 岁以后退休，而 2011 年这个比例达到了 36%。② 公务员则因为退休类型的不同，退休年龄有所不同：立即退休中最低退休年龄为 62 岁，至少为联邦政府服务 5 年；最低年龄 60 岁，至少服务 20 年；最低年龄 55 岁，至少服务 30 年；延迟退休中公务员满足一般的退休要求，在达到受领立即退休年金的年龄之前因任何理由离开联邦服务岗位，可以受领延迟年金，该年金的给付年龄是达到 62 岁。德国于 1972 年退休金改革之时引入了弹性退休制度，1992 年立法改革规定提前退休将减少退休金，2007 年立法改革规定从 2012 年到 2029 年之内将法定退休年龄从 65 岁提高到 67 岁，③即 2012 年 1 月开始，1947 年出生者的法定退休年龄比原来增加了一个月，而 1964 年以后的出生者将在 67 岁时退休；同时，缴费 45 年、年满 65 岁的雇员开始受领专门的工龄退休金。德国目前规定适格受领退休金的年龄是年满 63 岁，法定退休年龄是缴费至少 5 年且年满 65 岁。④ 法国 2003 年 8 月颁布退休法，公务员与国有企业的雇员自 2008 年 1 月起须缴纳 40 年基本养老保险费才能领取全额退休金，从 2009 年 1 月起每年再增加 3 个月，相当于从 2012 年开始，缴纳 41 年基本养老保险金才能领取全额退休金。2010 年 10 月借鉴德国 2007 年改革的经验，通过《退休金法

① Benjamin A. Templin, "Social Security Reform: Should The Retirement Age Be Increased?", *Oregon Law Review*, No. 89, 2011, p. 1193.

② Employee Benefit Research Institute and Mathew Greenwald & Associates, Inc., 2001, 2011 Retirement Confidence Surveys. Age Comparisons Among Workers, 2011 – 03 – 15, http://www.ebri.org/pdf/surveys/rcs/2011/FS3_ RCS11_ Age_ FINAL1. pdf.

③ Hans Fehr, Manuel Kallweit, Fabian Kindermann. Pension Reform with Variable Retirement Age_ A Simulation Analysis for Germany, 2010 – 01, http://www.ecomod.org/files/papers/1128. pdf.

④ Social Security Administration (U. S.). *Social Security Programs Throughout the World: Europe*, 2010, Washington. DC: US Independent Agencies and Commissions, 2010, p. 112.

案》，将适格受领退休金的年龄从 60 岁延长至 62 岁，到 2020 年基本养老保险金缴纳年限将达 41.5 年，受领全额退休金的法定正常退休年龄从 65 岁延长至 67 岁。2011 年 11 月，法国政府宣布适格受领退休金的年龄延至 62 岁的改革措施提前一年至 2017 年开始实施①。英国在 2006 年 10 月颁布《就业平等（年龄）条例》规定 65 岁为默认退休年龄，雇主除了客观合理的理由之外不能强制雇员在未达 65 岁之时退休。2011 年 1 月，政府宣布废除默认退休年龄，超过 65 岁的雇员只要自己希望继续工作就不能被强制退休。该条例的修正案于 2011 年 4 月生效，截至当年 9 月 30 日，默认退休年龄被完全取消②。政府于 2010 年宣布公务员的正常退休年龄从目前的 60 岁或 65 岁将逐渐提高，到 2020 年达到 66 岁；2011 年 12 月宣布适格受领退休金的年龄与受领国家退休金年龄一致，为 65—68 岁。在这一期间，政府会实施过渡性保护措施：到 2012 年 4 月 1 日，工作十年或者未达法定退休年龄的公务员的退休金不会发生变化等。③

二　退休年龄的规律性调适

近年来，各国通过制定或修改现行法律、出台有关政策纷纷对于退休年龄进行了改革。虽然法制与经济状况不同，实施的具体方案也不尽相同，但是仍然可以总结出若干规律：

首先，延迟适格受领退休金的年龄。近年来，许多国家都在计划延迟雇员适格受领退休金的年龄，如澳大利亚、德国、丹麦、法国、希腊、美国、英国等国。目前美国对于出生在 1943—1954 年的劳动者来说，退休年龄是 66 岁，而对于 1960 年以后的出生者，退休年龄将会延迟至 67 岁；2009 年澳大利亚政府通过保护和可持续退休金改革计划，规定从 2017 年开始逐步延迟退休年龄直到 67 岁④；丹麦决定从 2024 年开始将退休年龄

① Nicola Clark, Government of France Proposes Austerity Cuts, *The New York Times*, 2011 - 11 -08 (A12).

② Office for National Statistics. Pension Trends-Chapter 1: Pensions legislation: an overview, 2011 - 10 - 27. http://www.ons.gov.uk/ons/rel/pensions/pensionDtrends/chapter-1-pensions-legislation-an-overview-2011-edition-/index.html.

③ Home Civil Service. Overview of the offer, http://www.civilservice.gov.uk/pensions/reform/key-elements.

④ Heather Gibson, Jerome Singleton. *Leisure and Aging: Theory and Practice*, Human Kinetics, 2011, p. 12.

延迟至 67 岁①；德国已经通过实施具体措施将法定退休年龄从 65 岁延迟至 67 岁：从 2012 年开始，每年延迟一个月的退休时间直至将退休年龄从 65 岁延迟至 66 岁，之后每年延迟两个月的退休时间直至将退休年龄从 66 岁延迟至 67 岁②。延迟退休年龄对于缓解退休金给付的财政压力是否有效，学界始终都存在较大的争议，但是赞同延迟退休年龄的意见占多数。然而，延迟退休年龄的改革一般持续时间较长，也不会立刻产生效果。另外，以经合组织中的国家为例，大部分雇员在达到法定退休年龄之前就已经退出劳动力市场，当然这也可能会影响到延迟法定年龄的实际效力。政府始终没有找到更好的办法来解决因刺激年老雇员退出劳动力市场引起的失业。在鼓励提前退休方面，即便是以"雇主"身份出现的政府也不会与私营部门的雇主存有较大的区别。

表 1　　　德国、法国、澳大利亚、英国、丹麦延迟退休年龄计划

	开始实施时间	最终实现时间	目前法定退休年龄	目标法定退休年龄
德国	2012	2029	65	67
法国	2017	2020	65	67
澳大利亚	2017	2023	65	67
英国	2024	2026	65	68
丹麦	2024	2027	65	67

注：数字来源 OECD. *Health Reform*：*Meeting the Challenge of Ageing and Multiple Morbidities*，Paris：OECD Publishing, 2011, p. 52.

其次，减少性别歧视，使女性与男性的退休年龄趋于统一。从 1949 年到 2010 年，仅有少数国家男女适格受领退休金的年龄始终一致且保持不变：芬兰（65 岁）、冰岛（67 岁）、墨西哥（65 岁）、荷兰（65 岁）、西班牙（65 岁）等。在美国，退休金计划如果规定女性受领退休金的年龄低于男性，将会被认定为歧视。1983 年社会保障法修正案规定退休年龄将从 65 岁逐渐提高到 2027 年时的 67 岁，没有为女性制定特别条款，男性与女性均可平等适用该规定。1978 年英国平等机会委员会提出，不分性别将受领退休金的年龄确定为 63 岁，而此前的规定为女性 60 岁、男

---

① OECD. *OECD Economic Surveys*：*Denmark* 2012，Paris：OECD Publishing, 2012, p. 54.

② Christina Benita Wilke. *German Pension Reform*（*Sozialokonomische Schriften*），Peter Lang GmbH, 2009, p. 57.

性 65 岁。1975 年日本东京高等法院认为男性 55 岁退休而女性 50 岁退休的立法规定对于女性而言是一种歧视的表现，同年，在旅行社要求其女性雇员提前于男性雇员退休的案件中，高等法院根据宪法与劳动法的规定认定女性提前退休是歧视。1981 年意大利最高法院宣布劳动合同中存有任何要求女性提前于男性退休的条款都是违反宪法的规定。这些违宪的规定将阻碍她们的职业发展，使其难以获得退休金以及其他福利。① 21 世纪以来，在欧洲法院受理的性别歧视案件中，比较有代表性的是 2009 年 3 月的欧洲经济共同体诉希腊共和国案（Commission of the European Communities v Hellenic Republic Case C – 559/07）。此案中希腊《公务员与军队退休金法典》规定男性与女性受领退休金的年龄与最低工龄均不相同。法院认为希腊违反了欧共体条约第 141 条（Article 141 EC）规定的男女平等给付原则，该法典的条款不能帮助女性公务员与军队人员弥补她们职业生涯中的劣势，法院要求希腊负担因性别歧视产生的成本。② 希腊政府因此开始制订延迟女性退休年龄的计划。截至 2010 年，许多国家都颁行了法律或者修改了相关法律提高女性退休年龄：希腊从 60 岁提高到与男性相同的 65 岁，澳大利亚从 61 岁提高到了 62 岁，匈牙利从 55 岁提高到了59 岁，瑞士从 62 岁提高到了 63 岁，日本从 60 岁提高到了 62 岁等。③

　　再次，努力在立法上消除年龄歧视，但是强制退休年龄废除与否尚不统一。美国于 1967 年通过《禁止就业歧视法》，1978 年颁布该法的修正案，规定将禁止年龄歧视的主体适用范围扩大到 70 岁的工人，等同于间接废除了 65 岁的强制退休年龄；1986 年正式废除了强制退休年龄，宣布以任何形式规定强制退休年龄都是违法行为。④ 该法颁行的初衷在于保护年老的雇员，使其不必受到退休年龄的影响，而现在防止年龄歧视已经作为一个降低人口老龄化成本的权宜方法越来越凸显其重要性。在欧洲，欧

---

① Anne-Marie Brocas, Anne-Marie Cailloux, Virginie Oget. *Women and social security*: *progress towards equality of treatment*, Geneva: International Labour Org, 1991, p. 47.

② Roger Blanpain. *European Labour Law*, Alphen Den Rijn: Kluwer Law International, 2010, p. 521.

③ OECD. *Pensions at a Glance* 2011: *Pensionable Age and Life Expectancy*, 1950 – 2050, Paris: OECD Publishing, 2011, p. 24 – 25.

④ Sol Encel. *The Elephant In The Room*: *A Study of Age Discrimination in Employment*, Brisbane: National Seniors Productive Ageing Centre. 2010, p. 14.

盟就业平等框架指令 2000/78 规定了有关年龄歧视的立法，与美国判例相比，欧盟法律需要更多的例外以减少其对于雇佣的影响：不接受只以年龄为理由的歧视；允许欧盟各国规定强制退休年龄，因为如果企业依法要求雇员遵循强制退休年龄退休，那么很可能不会再要求强制退休年龄之外的其他有关年龄的保护，所以在 2007 年与 2010 年，欧洲法院两次支持了欧盟平等待遇框架的指令，指出不会禁止成员国设立强制退休年龄，认为其保护了就业增长这一合法的公共利益。[①] 大部分欧洲国家都制定了禁止年龄歧视的法律：爱尔兰于 1998 年制定了《雇用平等法》并于 2004 年修订；比利时 2007 年制定了《反年龄歧视法》；西班牙在 1980 年立法禁止年龄歧视并于 2005 年修订该法。有些国家通过立法废止或明令禁止强制退休：英国于 2011 年 9 月正式废除了强制退休；澳大利亚与加拿大也颁行了禁止强制退休的法律。当然，退休年龄的改革除了受到防止年龄歧视立法的影响以外，也会受到退休金、残疾、失业与社会保障等因素的影响。[②]

最后，严格限制甚至禁止提前退休。事实上，有经济学理论认为退休是对来源于未来的公众与私人资源的工资与退休金给付的评估。越早退休，可能将获得越多的退休金，这种理论增加了提前退出劳动力市场的概率，提前退休对于雇员而言是一个越加具有吸引力的选择。[③] 许多国家的社会保障体系建立了提前退休的鼓励机制。在大部分经合组织国家，劳动者如果持续工作到 64 岁（假定法定退休年龄为 65 岁），那么将会接受在劳动收入中存在隐性税收的实施：工作时间延长一年，受领一年的工资，同时也将失去潜在的部分退休金。法国、德国与美国的隐性税率都达到 10% 以上。[④] 因此，劳动者提前退休，致使法定退休年龄与实际退休年龄存在差距并非偶然。而在提前退休给付较为慷慨的国家中，提前退休更为

---

① European court upheld mandatory retirement ages, 2011 – 10 – 16, http：//jurist. org/thisday/2011/10/ european-court-upheld-mandatory-retirement-ages. php.

② Joanna N. Lahey, "International Comparison of Age Discrimination Laws", *Research on Aging*, Vol. 32, No. 6, 2010, p. 690.

③ David Dorn, Alfonso Sousa-Poza, "Cesifoearly Retirement：Free Choice Or Forced Decision?", *Cesifo Working Paper*, No. 5, 2005, p. 1.

④ David Dorn, Alfonso Sousa-Poza. *Motives for Early Retirement：Switzerland in an International Comparison*, Washington, D. C. ：annual conference of the Eastern Economic Association, 2004, p. 18.

流行。① 尽管建立提前退休法律制度的初衷是为年轻人增加更多的就业机会，但是政府出台的相关政策较为被动且消极，的确增长了退出劳动领域的雇员的人数，却没有减少年轻人的失业率。事实上，欧盟成员国中提前退休适用最为普遍的法国和意大利②，年轻人失业率也是相当之高（2010年法国22.5%，意大利27.9%③）。如果过去曾经把提前退休视为治疗现代社会大规模失业问题的良药，那么今天看来，这已经成为众矢之的的一剂错药。提前退休本应是降低劳动力的供给，因此减少失业，但是相反，因为没有从人力资本与费用的角度给予重视，它反而成为了成本高昂并且较为被动的劳动力市场政策。随着人口老龄化的加剧与退休金给付危机的蔓延，许多国家通过立法严格限制甚至禁止提前退休，以减少退休金给付，缓解巨大的财政压力。丹麦、爱尔兰、荷兰与英国等国家禁止提前退休，澳大利亚、智利与冰岛等国严格限制提前退休，只允许私人退休金适用提前退休，而加拿大和瑞典的基础退休金体系不适用提前退休。在大多数确定给付型的退休金给付中，提前退休每年的给付会按照一定百分比减少，加拿大减少的比例最大，2010年从6%增长到了7.2%，在经合组织的国家中，平均每年减少的比例为4.4%。④

第二节　我国法定退休年龄的制度演进及存在的问题

一　法定退休年龄的制度演进

（一）企业职工的法定退休年龄

目前我国企业职工的法定退休年龄是男性年满60周岁，女性年满50

---

① Romain Duval. *The retirement effects of old-age pension and early retirement schemes in OECD countries*, 2003 – 11 – 25, http: //cepr. org/meets/wkcn/4/4539/papers/duval. pdf: 7.

② Bernhard Ebbinghaus. *Reforming Early Retirement in Europe*, *Japan and the USA*, New York: Oxford University Press, 2008, p. 204.

③ Employment and labour markets: Key tables from OECD-Youth unemployment rate, 2011 – 08 – 31, http: //www. oecd-ilibrary. org/employment/youth-unemployment-rate _ 20752342-table2. 其中高于意大利的是西班牙41.6%、斯洛伐克33.6%、希腊32.9%、爱沙尼亚32%、爱尔兰28.7%，高于法国的除此之外还有匈牙利26.6%和瑞典25.2%。

④ OECD. *Pensions at a Glance* 2011: *Retirement-Income Systems In Oecd And G20 Countries*, Paris: OECD Publishing, 2011, p. 112.

周岁，女干部年满 55 周岁。这一标准来源于 20 世纪 50 年代的立法规定，经过 1978 年国务院《关于颁发〈国务院关于安置老弱病残干部的暂行办法〉和〈国务院关于工人退休、退职的暂行办法〉的通知》（国发〔1978〕104 号）的调整，最终被确认并沿用至今。

借鉴苏联"国家保险"模式，我国于 1951 年颁布《劳动保险条例》，这是新中国成立以后我国第一部涉及退休具体规定的法规，实施范围是有工人职员一百人以上的国营、公私合营、私营及合作社经营的工厂、矿场及其附属单位；铁路、航运、邮电的各企业单位与附属单位；工、矿、交通事业的基本建设单位；国营建筑公司。其中规定退休条件为男性职工年满 60 岁，一般工龄满 25 年，本企业工龄满 5 年；女性职工年满 50 岁，一般工龄满 20 年，本企业工龄满 5 年，可退职养老。特殊工种退休的条件规定男性年满 55 岁，女性年满 45 岁，工龄因工种不同分为工作一年计算作一年零三个月与一年零六个月两类。1958 年国家施行《关于工人、职员退休处理暂行规定》（已于 1987 年 11 月 24 日失效）规定退休条件为男性职工年满 60 周岁，连续工龄满 5 年，一般工龄（包括连续工龄，下同）满 20 年的；女工人年满 50 周岁、女职员年满 55 周岁，连续工龄满 5 年，一般工龄满 15 年的；特殊工种的工人、职员，男年满 55 周岁、女年满 45 周岁，其连续工龄和一般工龄又符合本条第一项条件的；男年满 50 周岁、女年满 45 周岁的工人、职员，连续工龄满 5 年，一般工龄满 15 年，身体衰弱丧失劳动能力，经过劳动鉴定委员会确定或者医生证明不能继续工作的；连续工龄满 5 年，一般工龄满 25 年的工人、职员，身体衰弱丧失劳动能力，经过劳动鉴定委员会确定或者医生证明不能继续工作的；专职从事革命工作满 20 年的工作人员，因身体衰弱不能继续工作而自愿退休的。到 1978 年，国务院颁布的国发〔1978〕104 号文件规定全民所有制企业工人的退休条件发生了变化，主要体现为工龄的延长，具体规定为：男年满 60 周岁，女年满 50 周岁，连续工龄满 10 年的；特殊工种的工人，男年满 55 周岁、女年满 45 周岁，连续工龄满 10 年的；本项规定也适用于工作条件与工人相同的基层干部；男年满 50 周岁，女年满 45 周岁，连续工龄满 10 年，由医院证明，并经劳动鉴定委员会确认，完全丧失劳动能力的；因工致残，由医院证明，并经劳动鉴定委员会确认，完全丧失劳动能力的。

从 2006 年开始，江西省、广东省、北京市、青岛市等地方发布规范性文件均对达到法定退休年龄但缴纳基本养老保险费不足 15 年者，延长男性退休年龄到 65 岁、女性 60 岁进行了规定。2010 年上海市人力资源和社会保障局发布《关于本市企业各类人才柔性延迟办理申领基本养老金手续的试行意见》，规定参加本市城镇基本养老保险的企业中具有专业技术职务资格人员，具有技师、高级技师证书的技能人员和企业需要的其他人员，到达法定退休年龄、符合在本市领取基本养老金条件，延迟办理申领基本养老金手续的年龄，男性一般不超过 65 周岁，女性一般不超过 60 周岁。我国逐步开始了提高法定退休年龄、建立弹性退休制度的地方试点。

（二）公务员、事业单位工作人员的法定退休年龄

1955 年国务院发布的《国家机关工作人员退休处理暂行办法》第二条规定国家机关工作人员的退休条件为：男子年满 60 岁，女子年满 55 岁，工作年限已满 5 年，加上参加工作以前主要依靠工资生活的劳动年限，男子共满 25 年、女子共满 20 年的；男子年满 60 岁，女子年满 55 岁，工作年限已满 15 年的；工作年限已满 10 年，因劳致疾丧失工作能力的；因公残废丧失工作能力的。同时颁布的《国家机关工作人员退职处理暂行办法》规定退职的条件为：年老或者病弱不能继续工作，又不合退休条件的；自愿退职的；不适宜现职工作，又不愿接受其他工作的。1978 年国务院颁布的国发〔1978〕104 号文件规定党政机关、群众团体、企业、事业单位的干部的退休条件为：男年满 60 周岁，女年满 55 周岁，参加革命工作年限满 10 年的；男年满 50 周岁，女年满 45 周岁，参加革命工作年限满 10 年，经过医院证明完全丧失工作能力的；因工致残，经过医院证明完全丧失工作能力的。事业单位和党政机关、群众团体的工人的退休条件为：男年满 60 周岁，女年满 50 周岁，连续工龄满 10 年的；特殊工种的工人，男年满 55 周岁、女年满 45 周岁，连续工龄满 10 年的；本项规定也适用于工作条件与工人相同的基层干部；男年满 50 周岁，女年满 45 周岁，连续工龄满 10 年，由医院证明，并经劳动鉴定委员会确认，完全丧失劳动能力的；因工致残，由医院证明，并经劳动鉴定委员会确认，完全丧失劳动能力的。

高级专家和骨干教师、医生、科技人员的退休年龄，适用国务院行政法规《关于高级专家离休退休若干问题的暂行规定》（国发〔1983〕141号）、法规性文件《关于延长部分骨干教师、医生、科技人员退休年龄的

通知》（国发〔1983〕142号）、中共中央组织部、原劳动人事部《关于
女干部离休退休年龄问题的通知》、原人事部的部门规范性文件《关于高
级专家退（离）休有关问题的通知》（人退发〔1990〕5号）等规定。根
据这些规定，副教授、副研究员以及相当这一级职称的高级专家，延长离
休退休年龄最长不超过65周岁；教授、研究员以及相当这一级职称的高
级专家，延长离休退休年龄最长不超过70周岁。女干部离休、退休的年
龄，担任司局长一级以上职务的不超过60周岁；女性高级专家，凡身体
能坚持正常工作，本人自愿，可到60周岁退（离）休；在党政机关、群
众团体、事业单位工作，年满55周岁的处（县）级女干部，原则上按照
《国务院关于安置老弱病残干部的暂行办法》规定执行。个别确因工作需
要，一时尚无适当接替人选，且身体能坚持正常工作的，根据本人自愿，
经所在单位审查同意，报任免机关批准，其离休、退休年龄可适当推迟。
2015年2月，中组部、人力资源和社会保障部联合下发的《关于机关事
业单位县处级女干部和具有高级职称的女性专业技术人员退休年龄问题的
通知》中要求，党政机关、人民团体中的正、副县处级及相应职务层次
的女干部，事业单位中担任党务、行政管理工作的相当于正、副处级的女
干部和具有高级职称的女性专业技术人员，年满60周岁退休。

二 提前退休操作不规范

（一）提前退休操作不规范的原因

20世纪90年代，世界各国由于片面重视经济政策而产生了诸多不利
影响。[①] 在经济萧条、私有化加剧与劳动力市场秩序混乱的复杂环境中，
雇佣凸显其不稳定性，提前退休变得更为流行。因为公司裁员与倒闭，大
量雇员不得不提前退休，而且，一些雇主以提前退休为诱饵致使许多雇员
受到欺骗而退出劳动力市场。虽然患病、残疾与负伤等是前萧条时期的提
前退休的主要原因，但是处于萧条时期，在大多数工业化国家，经济原因
才是提前退休的主因。研究提前退休的动机对于政策制定者来说非常重
要。一些提前退休者是自愿的，而另一些则是非自愿被强制的提前退休。

---

① ILO. *General Survey concerning social security instruments in light of the* 2008 *Declaration on So-cial Justice for a Fair Globalization*, 2011 – 03 – 03, GENEVA: International Labour Conference 100th Session. http://www.ilo.org/wcmsp5/groups/public/-ed_ norm/-relconf/documents/meetingdocument/wcms_ 152602. pdf.

据资料显示，以 1997 年为例，美国、日本等国的非自愿提前退休者还不是很普遍，而法国、意大利与德国，有超过 1/3 的提前退休雇员被强制退休，在东欧这个比例更高。①

同一时期，我国正处于从计划经济向市场经济转型的关键时期，提前退休的类型和比例与西欧或者北美国家并不相同。在这一转型过程中，大型国有企业进行股份制改革，出现了不规范的特殊工种提前退休、假病退以及不规范的内退、买断工龄等行为，前两者是不规范的提前退休行为，后两者可视为特殊的不规范提前退休情形。许多企业在具体施行提前退休的过程中，没有严格遵循法律规定，对于职工内退搞"一刀切"，或者为了节省人力成本开支，对于职工违法实施了"买断工龄"。伴随着企业改制的不断深入，有的企业为了减轻自身负担，把部分职工推向社会，以各种违法的方式为不符合条件的职工办理了特殊工种与伤病的提前退休。企业强制职工提前退休的情形较多，职工自愿提前退休的比例相当低，企业的决定成为非自愿的不规范性提前退休的关键性因素。比起直接解除劳动合同，提前退休在情感上似乎易于被职工、工会与公众所接受；除此之外，提前退休能够成为企业的首选也与劳动立法有关——解除劳动合同的法定条件比提前退休的政策规定要更加严格，企业往往以职工"自愿"停止劳动为由规避法律。根据国务院《关于建立统一的企业职工基本养老保险制度的决定》（国发〔1997〕26 号）规定，我国基本养老保险制度最初实行的"统账结合"设计中，在实施缴费之时，企业缴费 20% 中的 17% 放入社会统筹账户，其余 3% 和职工缴费的 8% 合计 11% 放入个人账户；而给付时，社会统筹部分支付的退休金替代率只有 20%，个人账户支付的却高达 38.5%，缴费与给付严重不对称，制度设计不公平，也造成了大量提前退休的现象。② 可见，非自愿提前退休依赖国家的经济状况、企业的决定、相关立法和政策与基本养老保险制度的设计，这些共同影响了职工的提前退休行为，产生了提前退休操作不规范的情况，对于整个社会造成的消极影响始终难以消除。

（二）提前退休的立法规定

提前退休是指公务员、事业单位工作人员或企业职工未达到国家法定

---

① based on ISSP 1997 data.

② 蔡向东：《统账结合的中国城镇职工基本养老保险制度可持续性研究》，经济科学出版社 2011 年版，第 104 页。

退休年龄即退出劳动领域并受领退休金的行为。我国立法没有对提前退休的概念进行界定，而规定了实行提前退休的条件，并指出必须"严格执行国家关于退休年龄的规定，坚决制止违反规定提前退休的行为"①。

关于企业职工提前退休的规定主要是根据国务院办公厅的法规性文件《关于进一步做好国有企业下岗职工基本生活保障和企业离退休人员养老金发放工作有关问题的通知》（国办发〔1999〕10号）与原劳动和社会保障部的部门规范性文件《关于制止和纠正违反国家规定办理企业职工提前退休有关问题的通知》（劳社部发〔1999〕8号）。适用提前退休的情形为（1）从事井下、高空、高温、特别繁重体力劳动或其他有害身体健康工作（以下称特殊工种，有文件也称特殊岗位或者简称特岗）的，退休年龄为男年满55周岁、女年满45周岁；（2）因病或非因工致残，由医院证明并经劳动鉴定委员会确认完全丧失劳动能力的（以下简称为病退），退休年龄为男年满55周岁、女年满45周岁；（3）国务院确定的111个"优化资本结构"试点城市的国有破产工业企业中距法定退休年龄不足5年的职工；（4）3年内有压锭任务的国有纺织企业中，符合规定的纺纱、织布工种的挡车工。但此项规定与前款规定不能同时用于同一名职工。按特殊工种退休条件办理退休的职工，从事高空和特别繁重体力劳动的必须在该工种岗位上工作累计满10年，从事井下和高温工作的必须在该工种岗位上工作累计满9年，从事其他有害身体健康工作的必须在该工种岗位上工作累计满8年。对于企业提前退休职工的退休金发放金额及计算办法适用原劳动保障部、民政部、财政部《关于贯彻国务院8号文件有关问题的通知》（劳社部发〔2000〕13号）与原劳动和社会保障部《关于提前退休人员养老金计发有关问题的复函》（劳社部函〔2000〕171号）的相关规定：资源枯竭矿山关闭破产企业的提前退休人员、因病或非因工致残退休和按111个"优化资本结构"试点城市国有破产工业企业的有关规定提前退休的人员，均适用每提前一年减发2%养老金（不含个人账户养老金）。减发的计算公式为：基本养老金＝（基础养老金＋过渡性养老金＋调节金及各种补贴）×（1－提前退休年限×2%）＋个人账户养老金。提前退休人员达到法定退休年龄后，基本养老金不再重新计

---

① 参见原劳动和社会保障部《关于制止和纠正违反国家规定办理企业职工提前退休有关问题的通知》（劳社部发〔1999〕8号）。

算。公务员提前退休年龄《公务员法》第88条规定公务员可以提前退休的三种情形是：（1）工作年限满30年的；（2）距国家规定的退休年龄不足5年，且工作年限满20年的；（3）符合国家规定的可以提前退休的其他情形的。而事业单位工作人员的提前退休，目前没有统一的法律法规进行规定，而是各地方相应制定了规范性文件。例如，2004年10月施行的《深圳市事业单位人事制度配套改革实施方案》规定：截至2004年12月31日，凡男年满53周岁，女年满48周岁（女性工人45周岁），工作年限满20年，经本人申请，组织批准，可以提前退休。但专业技术人员、特殊岗位人员和单位所需的紧缺人员，应从严掌握。在缴纳个人所得税的规定方面，2011年国家税务总局《关于个人提前退休取得补贴收入个人所得税问题的公告》（国家税务总局公告2011年第6号）规定，从2011年1月1日起，机关、企事业单位对未达到法定退休年龄、正式办理提前退休手续的个人，按照统一标准向提前退休工作人员支付一次性补贴，不属于免税的离退休工资收入，应按照"工资、薪金所得"项目征收个人所得税。该部门规范性文件覆盖的范围包括自执行之日起，所有机关、事业单位与企业的正式提前退休的个人，所以并不适用于国有企业内退与买断工龄职工。

（三）提前退休不规范的表现形式

企业职工提前退休不规范具有较大的争议性，比较有探讨的价值，故而本文重点分析该问题。未涉及公务员与事业单位工作人员的不规范提前退休。

1. 特殊工种提前退休不规范

新中国成立初期，《劳动保险条例》规定了特殊工种提前退休的条件：对于井下矿工或固定在华氏三十二度以下的低温工作场所或华氏一百度以上的高温工作场所工作者、在提炼或制造铅、汞、砒、磷、酸的工业中及其他化学、兵工工业中，直接从事有害身体健康工作者，男工人与男职员年满55岁，女工人与女职员年满45岁，均可享受养老补助费待遇的规定。由于当时普遍实行低工资政策，对从事特殊工种的职工不可能实行过高的工资和补贴，所以国家便采取提前退休的做法，作为对职工从事特殊工种的补偿。[①] 随着科技的进步与分工的变化，目前我国确定职工从事

---

① 胡影、谢敬华：《如何落实特殊工种提前退休政策》，《中国石油企业》2010年第3期。

特殊工种是根据原劳动人事部《关于改由各主管部门审批提前退休工种的通知》（劳人护〔1985〕6号）、原劳社部发〔1999〕8号等文件规定：（1）从事井下、高空、高温、特别繁重体力劳动或其他有害身体健康工作，退休年龄为男年满55周岁、女年满45周岁；（2）国务院确定的111个"优化资本结构"试点城市的国有破产工业企业中距法定退休年龄不足5年的职工；（3）三年内有压锭任务的国有纺织企业中，符合规定的纺纱、织布工种的挡车工。

现实中，提前退休不规范的表现形式多种多样。部分企业在上报劳动行政部门之前擅自修改、添加或者伪造职工档案，使得没有从事特殊工种的职工却以特殊工种身份进入档案；有些企业对于内部职工档案管理不善，特殊工种的记载不详细甚至缺少相应的原始材料；而个别主管部门对企业的档案材料审查不严，甚至收受个人钱财，为骗保者提供方便；部分中介代理机构私刻公章，完全制造假档案，① 最终使得并非从事特殊工种的职工以特殊工种的身份享受提前退休，几方联合，共同骗取退休金，直接造成了养老保险基金的巨大损失。除了主观上故意实施不规范的提前退休行为，也有部分劳动主管部门在认定特殊工种及适用法律上存在问题。根据原劳动和社会保障部《关于制止和纠正违反国家规定办理企业职工提前退休有关问题的通知》（劳社部发〔1999〕8号）规定，原劳动部和有关行业主管部门批准的特殊工种，随着科技进步和劳动条件的改善，需要进行清理和调整。新的特殊工种名录由劳动保障部会同有关部门清理审定后予以公布，公布之前暂按原特殊工种名录执行。随着生产工艺、劳动安全卫生条件与特殊工种专门培训的水平等因素发生的变化，特殊工种已经随之改变，但是目前仍要严格按照国家规定的行业特殊工种名录执行，不得擅自扩大范围和跨行业参照执行。部分劳动主管部门在审核企业上报的提前退休材料中，不能准确适用法律，导致对于职工从事特殊工种的认定存在问题，增加了劳动诉讼成本，在一定程度上影响了职工提前退休权利的实现。②

---

① 参见马跃峰《济南查处3000余份骗保档案：造假提前退休，不划算还违法》，《人民日报》2010年9月3日第011版。

② 参见黄新波《特殊工种提前退休行政审批案件的司法审查》，《人民司法》2009年第12期。

2. 虚假因病或非因工致残提前退休

根据国办发〔1999〕10号、劳社部发〔1999〕8号等文件的规定，因病或非因工致残，由医院证明并经劳动鉴定委员会确认完全丧失劳动能力的，退休年龄为男年满55周岁、女年满45周岁，可以提前退休。对于因病或非因工致残的提前退休（下文简称为病退），国家从保护职工身体健康的角度规定符合条件的职工可以申请提前退休，享受退休金。病退从申请、审核到批准所经历的程序非常严格，退休者须自愿申请、出具医院诊断书证明因患病或者负伤造成了其无法履行现在工作的职责。经劳动鉴定委员会确认完全丧失劳动能力是防止退休者存在仍然有能力参加正常工作的情形下骗取病退资格。有不法分子利用职工想办理提前退休的心理，收取"代办"费用，骗取了职工的积蓄。[1] 部分劳动行政主管部门的工作人员利用职权，向职工收取费用为其出具虚假的患病或者残疾诊断证明，开出职业病证明，并伪造公章"鉴定认可"。[2] 有些企业为了达到以上目的，不惜鼓励、协助较为年轻的职工以特殊工种或者病退等提前退休方式领取退休金，再以低廉的工资返聘回原企业工作，既降低了企业的人力成本，又逃避了应缴的社会保险费、税。[3]

（四）特殊提前退休不规范之表现形式

1. 内退不规范问题

20世纪90年代，我国对于大型国有企业进行了重组股份制改造，主要采用"存续分立式"的改制方案，剥离原来不良资产和富余人员进入存续企业，形成了庞大数量的国有存续企业和存续事务人员。[4] 为了妥善安置国有企业富余职工，国家建立了经济体制转型时期职工退出劳动岗位的特殊办法——内退。根据1993年国务院发布的行政法规《国有企业富余职工安置规定》（国务院令第111

---

① 王丽：《违法办病退90万血汗钱差点打水漂》，《检察日报》2010年11月13日第002版。

② 汪君：《57人同时病退骗领养老金南川：破产煤矿副科长收取40多万"代办"假证明》，《重庆商报》2005年9月11日第007版。

③ 杨珺、赵永生：《违规提前退休对基本养老保险制度的影响》，《经济与管理》2009年第5期。

④ 许浩、王磊、陆海英：《新劳动法实施后，是否该取消"内退"？》，《中国经济周刊》2007年第47期。

号）、1994 年原劳动部发布的部门规范性文件《劳动部关于严格按照国家规定办理职工退出工作岗位休养问题的通知》（劳部发〔1994〕259 号）以及 2003 年原劳动部、财政部、国资委发布的部门规范性文件《关于印发国有大中型企业主辅分离副业改制分流富余人员的劳动关系处理办法的通知》（劳社部发〔2003〕21 号）等规定，职工距退休年龄不到 5 年的，经本人申请，企业领导批准，可以退出工作岗位休养。职工退出工作岗位修养期间，由企业发给生活费。某些地方性规范性文件中界定了内退（或称承诺等退）职工是指按有关政策规定或企业与职工通过协商，职工退出生产、工作岗位，实行企业内部退养，等待达到法定退休年龄时办理退休手续的职工。① 1999 年国家税务总局《关于个人所得税有关政策问题的通知》（国税发〔1999〕58 号）规定，实行内部退养的个人在其办理内部退养手续后至法定离退休年龄之间从原任职单位取得的工资、薪金，不属于离退休工资，应按"工资、薪金所得"项目计征个人所得税。个人在办理内部退养手续后至法定离退休年龄之间重新就业取得的"工资、薪金"所得，应与其从原任职单位取得的同一月份的"工资、薪金"所得合并，并依法自行向主管税务机关申报缴纳个人所得税。根据国务院及原劳动部门发布的规范性文件，各地方制定了适用于本行政区划内国有企业职工内退的文件，但是国家始终出台没有任何法律对其进行普遍性规定。

根据上述规范性文件的规定，内退的施行须具备以下条件：第一，内退职工是企业富余职工，所谓"富余职工"是指企业因生产经营发生困难不能正常生产，而无法安置工作岗位的这部分职工；第二，距法定退休年龄不足 5 年；第三，职工自愿申请；第四，企业领导批准；第五，劳动部门备案。规范的内退能够实现设立该制度的初衷，即分流企业富余职工，减轻企业负担，内退的职工也能够得到妥善的安置。但是在国有企业股份制改造的实践过程中，出现了未经职工申请同意或者职工未到内退年龄、企业却强制职工内退以及内退给付的生活费过低甚至不给付生活费等不规范的情况。虽然内退产生于国有企业政策调整向制

---

① 参见河北省人力资源和社会保障厅《关于进一步做好企业内退职工管理问题的通知》（冀人社办〔2009〕14 号）。

度创新的转型时期,① 但是并没有随着改革的纵深推进而退出历史舞台,反而成为了国有企业特有的管理方式。尤其近年来,在银行业等行业出现了大量不规范的内退行为,引起职工与企业之间的争议和纠纷不断。2007年宁波银行上市,宁波银行的 400 余名内退员工不断上访举报高管侵吞内退员工股份的行为;② 从 2000 年到 2006 年,国内 17 万农行员工被"一刀切"不得不内退,农行在职的普通员工工资是内退职工生活费的近 3 倍③;等等。全国没有统一规制内退的专门性法律,规范性文件实施的监督机制不健全,企业行为不够规范,最终导致劳动者的退休权难以得到保障。

　　内退属于劳动合同的变更,是用人单位和劳动者对于劳动合同的约定如劳动期限、劳动报酬以及相关待遇等进行了变更,当内退职工达到正常退休年龄时,企业必须为职工办理正常退休手续;内退期间,企业及内退职工应按规定继续参加社会保险,履行缴费义务。但是变更的前提必须是职工自愿,当事人协商一致,如果双方没有达成合意,在"以欺诈、胁迫的手段或者乘人之危,使对方在违背真实意思的情况下变更劳动合同;用人单位免除自己的法定责任、排除劳动者权利;违反法律、行政法规强制性规定"等情况下就变更了劳动合同,可能导致劳动合同的无效或者部分无效。内退不属于提前退休,而是国企改制时期一种特殊的"提前退休"情形,因此内退职工不能领取退休金,只是领取基本生活费,达到法定退休年龄,办理退休手续之后才能领取退休金。同时,职工内退也并非与企业解除了劳动合同,而是与企业的劳动关系尚存。

　　2. 买断工龄问题

　　工龄是工人、职员以工资收入为生活资料的全部或主要来源的工作时间。在通常情况下,工龄的长短标志着职工工作时间的多少。④ 我国实行

_____

　　① 周天勇、夏徐迁:《我国国有企业改革与发展 30 年》,载邹东涛《中国经济发展和体制改革报告(No.1 中国改革开放 30 年 1978—2008)发展和改革蓝皮书》,社会科学文献出版社 2008 年版,第 348 页。

　　② 参见黄柯杰《宁波银行内部股权风波》,《瞭望东方周刊》2010 年第 37 期。

　　③ 黄滨茹:《17 万农行内退员工的三个"想不通"》,2010 年 6 月 1 日,中国劳动保障新闻网(http://www.clssn.com/html1/report/2/4709-1.htm)。

　　④ 许崇德、杨炳芝、李春霖:《中华人民共和国法律大百科全书》第 10 卷,河北人民出版社 1999 年版,第 277 页。

计划经济体制时期颁行的《劳动保险条例》中，工龄已经与退休年龄、退休金给付紧密相连。第15条规定退休条件为男性职工年满60岁，一般工龄满25年，本企业工龄满5年；女性职工年满50岁，一般工龄满20年，本企业工龄满5年，可退职养老。伴随着国有企业股份制改革的推进，"买断工龄"一词开始出现在国有企业职工的生活中，但是"买断工龄"并非专业术语，任何规范性文件中未出现过。[①] 事实上，买断工龄是指企业解除劳动合同、给付职工的一次性经济补偿金。所以严格意义上来说，这种行为并不属于提前退休的范畴，而是劳动合同解除。现实中，企业职工内退一段时间之后，部分企业又要求内退职工"买断工龄"，二者的关系十分紧密，所以将"买断工龄"放入不规范的特殊提前退休行为中一并加以研究。虽然劳动合同已经解除，但是职工参加工作缴纳的基本养老保险费可以连续计算，原来的工龄继续有效，所以工龄不会实现字面意义上的"买断"。而"买断"的实质是按照职工的工龄，企业将职工的养老、医疗、住房等社会保险与补贴统一核算出"价格"，作为经济补偿金，一次性给付给职工，而职工与企业的所有关系也就此终结。从上述立法规定中可以看出，经济补偿金的给付需要以下条件：用人单位与劳动者协商一致，或者发生经济性裁员，裁减人员二十人以上或者裁减不足二十人但占企业职工总数百分之十以上的，用人单位必须提前三十日向工会或者全体职工说明情况，听取工会或者职工的意见后，裁减人员方案经向劳动行政部门报告，才可以裁减人员。但是在"买断工龄"发生的过程中，许多企业没有遵循法定条件，未与职工协商达成一致，也没有向工会或者全体职工说明，单方面强制职工"买断"，有的侵占职工补偿金，有的随意终止职工社会保险关系者，因此这些企业对于职工实施"买断工龄"是违反法律法规的行为。而地方政府的随意性也导致侵害职工权益的现象屡屡发生，各地区甚至同一地区不同部门、不同行业"买断工龄"的条件、经济补偿千差万别，从而引发职工群体性上访事件。[②]

　　然而"买断工龄"并非只有国有企业职工才面临的问题，民营企业职工也面临着"买断"问题。但是与国有企业职工的被动"买断"不同，

① 2002年9月13日朱镕基总理在全国再就业工作会议上指出："所谓的'买断工龄'是错误的，中央从来就没有这个提法，只是讲可以有偿解除劳动关系。"参见宋厚振、王庆悦《买断工龄是错误的》，《中国社会保障》2002年第11期。

② 黄良军：《"买断工龄"的法律规制探讨》，《西南政法大学学报》2008年第4期。

民营企业职工更多是主动争取"买断工龄"。2011 年 11 月 4 日,康师傅控股有限公司和百事可乐公司共同宣布达成协议,后者将把目前在华的 24 家全资和合资装瓶企业的间接持股移交给前者,由此将获得前者 5% 的间接持股。① 百事可乐多家瓶装厂员工因不满收购,停工维权。重庆工厂的员工提出了明确的经济补偿要求:并购前必须先解除瓶装厂所有员工的劳动合同,一次性支付每位员工工龄经济补偿金(上一年度总体平均收入 × 工作年限),即买断工龄;同时,除要求向所有百事员工一次性支付不低于 8000 元/月(按照工龄计算)的遣散费;对并购后,愿意与新公司续签劳动合同的员工保证所承诺的"两年不变"。② 2012 年 2 月 15 日,三一重工收购的普茨迈斯特控股有限公司在沪的数百名员工前往上海市松江政府抗议,三一重工仅表态不会对德国籍员工裁员,对中国籍雇员的去留没有明确说法。中国籍雇员担忧潜在的失业问题,要求"买断工龄"。③综上可见,"买断工龄"不符合法律规定,所以该行为无法受到法律的保护,同时,两公司员工的要求也不符合法定给付经济补偿的要件。根据《劳动合同法》的规定④,如果百事与普茨迈斯特公司的行为不符合第 38 条的法定情形,那么劳动者就不可以主动提出解除劳动合同,因此也就不

---

① 康师傅控股有限公司:《康师傅和百事公司达成协议在华建立战略联盟》,2011 年 11 月 4 日,康师傅控股有限公司网站(http://www.masterkong.com.cn/trends/news/LatestInfo/20111104/24347.shtml)。

② 张孜昇、陶斯然:《康百联盟再生变数:百事员工停工维权 员工质疑解约与再签约之间缺乏应有保障》,《21 世纪经济报道》2011 年 11 月 15 日第 019 版。

③ 高立萍:《三一重工收购案再遭员工抵制》,《北京商报》2012 年 2 月 16 日第 03 版。

④ 《劳动合同法》第 38 条规定了解除劳动合同的情形:(一)未按照劳动合同约定提供劳动保护或者劳动条件的;(二)未及时足额支付劳动报酬的;(三)未依法为劳动者缴纳社会保险费的;(四)用人单位的规章制度违反法律、法规的规定,损害劳动者权益的;(五)因本法第二十六条第一款规定的情形致使劳动合同无效的;用人单位在劳动者提出解除合同的以及用人单位以暴力、威胁或者非法限制人身自由的手段强迫劳动者劳动的,或者用人单位违章指挥、强令冒险作业危及劳动者人身安全的等情形。第 46 条规定了用人单位应当向劳动者支付经济补偿的情形:(一)劳动者依照本法第三十八条规定解除劳动合同的;(二)用人单位依照本法第三十六条规定向劳动者提出解除劳动合同并与劳动者协商一致解除劳动合同的;(三)用人单位依照本法第四十条规定解除劳动合同的;(四)用人单位依照本法第四十一条第一款规定解除劳动合同的;(五)除用人单位维持或者提高劳动合同约定条件续订劳动合同,劳动者不同意续订的情形外,依照本法第四十四条第一项规定终止固定期限劳动合同的;(六)依照本法第四十四条第四项、第五项规定终止劳动合同的;(七)法律、行政法规规定的其他情形。

能要求两个公司给付经济补偿。百事公司在公司网站上正式发表声明，若其与康师傅公司的联盟获政府批准，灌装厂系统员工的劳动合同将继续履行，雇佣条款和待遇将保持不变。[①] 普茨迈斯特公司表示员工提出"买断工龄"的方案，公司方并未同意，而"买断工龄"的方案在劳动合同中也没有实现约定。[②] 基于此，无论"买断工龄"是否为企业职工自愿的行为，其违法性均不会发生改变，职工也不能由此而主张相应的给付权利。

三　男女退休年龄不平等

我国现行立法规定退休年龄为男性（政府机关、事业单位与企业的人员）年满60周岁，女性（企业人员）年满50周岁，女干部（政府机关、事业单位与国有企业的人员）年满55周岁。男性教授、副教授级的高级专家，离退休年龄分别不超过70岁与65岁；女性高级专家、担任司局长一级以上职务的女干部的离退休年龄均不超过60岁。[③] 2010年上海市人力资源和社会保障局发布《关于本市企业各类人才柔性延迟办理申领基本养老金手续的试行意见》规定退休年龄是男性一般不超过65周岁，女性一般不超过60周岁。

由此可见，无论是在政府机关、事业单位还是企业，无论是职称还是级别方面，无论是在现行立法还是试点改革的文件中，男性退休年龄与女性退休年龄皆不平等，前者始终高于后者。新中国成立后，尽管鼓励女性参与生产与政治活动，以此来提高她们的政治经济地位，但是现实生活中，女性的地位仍然没有稳固。虽然在工厂中，女性与男性同工同酬，但是大量的女性因为不能受到良好的教育而从事缺乏技术水平的工作，领取较低的劳动报酬，最终也导致退休金较低。另外，女性往往比男性负担更多家庭劳动的责任。家庭与工作双重压力同时存在分散了女性的精力，也

---

①　百事集团：《公司声明》，2011年11月14日，百事集团网站（http://www.pepsico.com.cn/media/pr-11-16.php）。

②　高立萍：《三一重工收购案再遭员工抵制》，《北京商报》2012年2月16日第03版。

③　根据国发〔1983〕141号、国发〔1983〕142号、人退发〔1990〕5号等文件规定，男性副教授、副研究员以及相当这一级职称的高级专家，延长离休退休年龄最长不超过65周岁；男性教授、研究员以及相当这一级职称的高级专家，延长离休退休年龄最长不超过70周岁；而女性高级专家，可到60周岁退（离）休。女干部离休、退休的年龄，担任司局长一级以上职务的不超过60周岁。

导致女性的晋升机会在一定程度上会少于男性。立法中出现退休年龄的差距并非偶然。其原因在于，比男性提前退休，女性可以减少家庭与事业同时施加的巨大压力，满足部分女性与比自己年长的丈夫同时开始受领退休金的愿望。而且，女性一旦超过一定的年龄很难找到新的工作，虽然至今也没有令人完全信服的原因可以进行解释；如果一个职业的艰辛程度决定了较低的退休年龄，那么这个职业应当是面向所有的工作者，而不应当以性别而定。有的观点认为比男性低的退休年龄使得女性具有更多优势，实际的结果就是的确缩短了女性的工作时间，但是通常情况受领的退休金要比男性低。金融危机时期或者国有企业改制时期，如果职工们被迫在受领退休金或者经济补偿金的同时，也要放弃工作，那么女性就成为了劳动力市场上最早的牺牲品。男性与女性退休年龄不平等已经成为了退休年龄研究中的重点问题之一，退休年龄的不平等在一定程度上导致了退休金给付的不平等。

第三节　我国法定退休年龄的改革思路

一　提前退休乱象的规制

从宏观层面而言，政府应当统一现行规范性文件，将退休年龄、退休金给付、税收等方面的规定进行整合，及时废止或者调整不符合现行经济发展需要的文件，防止出现如特殊工种认定不清而致职工权益受到影响甚至导致暴力事件等情况①。结合经济转型期出现的不规范提前退休行为，制定规范性文件在全国范围内适用，同时也注意协调地区之间的差别。但是立法的过程中应当遵循倾斜性保护的基本原则，同时也应当严格规定主体必须承担的责任。实践中，政府应当监督利益主体实施的行为，防止政府机构某些工作人员以权谋私、企业为了达到减少用工成本的目的而强制

---

① 参见李可心《市社保局首次正式回应"倪顺义案"——不予提前退休是依政策办理》，《深圳晚报》2010 年 7 月 9 日第 A4 版。程伟：《终审"锤击者"倪顺义胜诉》，《羊城晚报》2011 年 6 月 2 日第 A15 版。2009 年，56 岁的倪顺义因多次诉求医保和特殊工种提前退休无果，起诉社保局一审败诉，用胶锤砸向深圳市社保局女副科长李芳芳的头部，被刑拘后取保候审，2011 年 5 月二审认为，从倪顺义和社保局提供的证据中显示，倪顺义的工种为铀金属机械加工，属于可以提前退休的工种之一，倪顺义的申请是符合按月享受基本养老保险待遇条件的。

职工退休、不给付退休金以及退休者非法或违规获得退休金等行为的发生。在 20 世纪 90 年代的经济萧条时期，施行提前退休是最直接、最有效的可以减少劳动力的方法，既可以减少劳动者的异议，又可以将社会影响降到最低。一次性给付的行为使得企业易于管理，而且经济回报率相当高。一次性给付的经济补偿金与累积的退休金，这二者的成本低于财政对于职工工资的补贴，而且还减少了这其中的转换成本与其他支出。① 国外企业改制中相关案例也可以证明这一点，以 1995 年巴西铁路为例，虽然三年多的时间里裁员 20000 人的成本大约为 3 亿 5 千万美元，但是这也导致一年内就减少 2 亿 5 千万美元的工资给付。② 当然，当时巴西铁路因为面临整体结构调整、经济状况严重恶化、赤字增长以及劳动力生产效率低下等诸多问题，所以选择了私有化改革的路径；又因为工会压力与政治因素等多方面原因，故而被迫快速地进行了私有化改造，主要采用的手段之一就是以提前退休、经济性裁员等方式减少劳动力。③ 我国进行国有企业股份制改革，主要目的之一也是为了提高劳动生产率。这种改革虽然也采用了内退等方法减少劳动力，但是始终都在摸索既能保证实现改制目的又可以保障退休者基本权利的双赢方法。例如，实践中各地方建立的特殊工种与病退提前退休的公示制度，就是一种积极的探索方式。该制度规定：在对职工按特殊工种或病退办理退休资格初步审核之后正式审批之前，将有关人员情况予以公示；公示内容包括拟批准退休人员的基本情况、从事特殊工种名称和累计工作年限、拟审批退休的时间等；只有对在公示期间群众没有意见的人员和经调查核实确实符合退休条件的人员，用人单位主管领导方能在公示意见栏签字盖章，由劳动保障行政部门进行最后审批，办理退休手续。在立法层面，2009 年财政部发布的部门规范性文件《关于企业重组有关职工安置费用财务管理问题的通知》（财企〔2009〕117

---

① Svejnar, Jan, "Microeconomic Issues in the Transition to a Market Economy", *Economic Perspectives*, Vol. 5, No. 4, 1991.

② Sunita Kikeri "Privatization and Labor: What Happens to Workers when Governments Divest?", *World Bank-Technical Papers*, 1997, p. 15.

③ The World Bank. *On A Loan In The Amount Of Us ＄350 Million To The Federative Republic Of Brazil For A Federal Railways Restructuring And Privatization Project*, 2003 - 05 - 16, http://www-wds. worldbank. org/servlet/WDSContentServer/WDSP/IB/2003/05/28/000012009 _ 20030528100246/Rendered/PDF.

号）规定：内退人员的生活费标准不得低于本地区最低工资标准的 70%，同时不得高于本企业平均工资的 70%，并应与企业原有内退人员待遇条件相衔接，经职工代表大会审议后，在内退协议中予以明确约定。至此，内退职工的生活费有了相对统一的标准，结束了地方各行其是的混乱局面。

从微观层面上而言，企业应当加强自身的自律行为，不能以侵害职工的权益为代价换取企业利益的最大化。企业对于内部档案的记载应当及时整理并注意保管，防止发生因为档案管理问题引起的纠纷。针对职工设立激励机制与专门性培训，从经济与职业技能两方面确保自愿内退的职工离开劳动岗位以后能够进行再就业或者再就业的劳动报酬不会较之前的工资减少。政府也希望通过企业这些措施使得内退等行为不会增加国家失业率，进一步维持社会稳定。另外，企业也要对职工设立约束机制，防止其实施不规范的提前退休终止劳动合同、非法获取退休金或者经济补偿金的行为。对于企业职工而言，为了能够保护自己的基本权益，面临企业强制要求其内退或者"买断工龄"等情形。首先，应当了解自己享有的基本权利以及权利的救济方式。我国没有专门的反歧视立法来防止职工因年龄等原因而遭受歧视，但是我国《劳动法》第 3 条规定了劳动者享有平等就业权利以及享受社会保险和福利的权利等。《就业促进法》也在第三章"公平就业"中对一般性就业歧视等进行了规制。另外，《劳动合同法》在第五章第一节"集体合同"中规定了工会代表企业职工一方与用人单位订立集体合同，用人单位违法合同，工会可以依法要求用人单位承担责任，协商解决不成，工会可以依法申请仲裁、起诉，职工享有结社权，并且依法应当受到工会的保护。此外，根据劳社部发〔2003〕21 号文件规定，职工在改制前已经办理内部退养手续的，一般由原主体企业继续履行与职工的内部退养协议。由改制企业履行原内部退养协议的，应当在改制分流总体方案中明确。因此，企业职工办理内退时，企业与内退职工双方应当及时变更劳动合同，签订内退协议，明确双方的权利和义务，减少纠纷的发生。同时，《劳动合同法》《劳动争议调解仲裁法》《最高人民法院关于审理劳动争议案件适用法律若干问题的解释（三）》等对于提前退休过程中产生的纠纷规定了相应的救济方式。其次，职工在提高权利保护意识的同时，也应当遵守法律与政策的规定，不能为了私利，不惜与企业等主体共同实施串通、联合骗取提前退休的资格或者经济补偿金等违法行为，应当降低自身的道德风险，减少信任危机。

二 男女退休年龄的统一

消除退休年龄的性别差别，规定统一的退休年龄，是我国劳动者在参与劳动、退出劳动岗位、享受退休金给付等方面的前提性保障，具有重要的现实意义。2010 年 10 月，联合国消歧公约委员会拟定了"关于保护老年妇女权利"的 27 号"一般性建议"。其中第 17 条规定："法定退休年龄对男女可能有所不同，妇女被迫比男性提前退休，因此会导致对老年妇女的歧视。"清晰地指出了我国男女不能同龄退休的性质和危害。[1] 相对于经济学界将歧视的产生原因解释为个人偏好模型、不完全竞争模型或垄断模型、共谋模型、双重劳动力市场模型和阶层分化模型；社会学界提出社会结构分化和社会排斥在歧视中的意义，法学界更关注如何对歧视行为进行惩戒，通过立法减少歧视行为的发生[2]以及平等权的保护。

那么，采取何种方式统一男女退休年龄以及统一是否一定会产生预期的平等结果呢？立法者或者相关政策制定者也许会产生疑问。女性退休年龄应当提高到与男性相同？男性受领退休金的年龄应当降低至与女性相同？还是两性的退休年龄应当介于二者规定中间？这是比较敏感的问题，答案既要参考整体经济环境的限制，也要基于退休金给付财政上的限制，二者应当尽可能协调平衡，盲目借鉴国外的相关标准或者一味地为了实现平等权而统一退休年龄都是不理性的做法。社会主义法治理念要求以"平等"保障公民的权利，公民权利的平等保护不仅是社会主义法治优越性的体现，而且是经济体制改革、政治体制改革、司法体制改革乃至整个社会发展的一项重要指标。[3] 理论上对于男女退休金给付上的不平等存在大量假设，涉及平等的含义、表现形式以及平等是否需要一个超越现行体系而更加平等的体系来运行，等等。这些假设也许开始于一个前提，即在退休法律制度之内，男性与女性的平等首先意味着一个平等的退休年龄，或者说是平等的选择。探讨这一前提并非进一步延迟退休立法或者政策的

---

① 退休年龄问题研究课题组：《关于退休年龄问题研究报告（上）》，《中国妇运》2011 年第 5 期。

② 参见佟新、朱晓阳、胡瑜《歧视研究的方法论——底层劳动群体对歧视的认知》，载李薇薇、Lisa Stearns《禁止就业歧视国际标准和国内实践》，法律出版社 2006 年版，第 88 页。

③ 杨德敏：《社会法视角的退休年龄延长及其功用》，《重庆社会科学》2009 年第 1 期。

出台，而是希望确认平等权实现路径的多样性。这种多样性可以在专门的立法或政策提案中体现出来，按照自身的优缺点，与其他社会客体的兼容性以及可行性而单独或者联合进行逐一检视。认同统一男女退休年龄是平等的政策之观点不可能仅仅因为该政策的一个方面，事实上也不可能确认任何政策是先天性平等或者不平等，而应当结合该政策如何得到支持、哪些主体将从该政策中受益等多个方面进行考量。判断是否为平等的政策还必须要根据该政策引起的影响与结果等因素。即使统一了男女退休年龄，然而表面上平等的退休年龄可能会隐藏着男女待遇实质上的不平等，通过两个维度可以对此进行分析。首先是法律层面与现实中的不平等的区别。在法律层面上，依据立法可以明确地判断出不平等的待遇；而现实中，即使原本的意愿是遵从法律的规定给予主体平等的对待，但实践上因为各种原因却导致了不平等的结果。那么，一个平等的退休年龄会使得男性与女性在受领退休金上更平等吗？"更平等"的观点也许代表着结果多多少少都要比现在的情况——男女退休年龄不统一更加平等，或者更加靠近理想中的平等。其次，应当拓宽实现平等的多样性路径进行考察。比如，输入性问题，即基本养老保险费等退休费用由谁支付、支付多少、支付多长时间，以及输出性问题，即退休金由谁受领、受领多少、受领多长时间等。输入与输出两方面包括了一定的变量，在单一变量中追求甚至希望达到平等都有可能被其他多样性路径全盘或者部分地否定。如果已经建立了男女将受领同等数额退休金的体系，那么路径的多样性将得以充分展现。因为女性寿命更长，所以可以减少女性退休金给付，这样最终她们与男性受领的数额是相同的，或者提高男性受领给付率会达到同样的效果，又或者提高女性退休年龄或减少男性退休年龄到某一个年龄。由此可见，二者可以一直受领具有相同给付率的同等退休金。当然，除非在假设中十分清楚地体现出来财政支付可以负担相关的退休金，否则研究平等退休年龄的意义不大。

无论我国在统一男女退休年龄上采用了何种路径，降低男性退休年龄或者延迟女性退休年龄，都需要在立法的保障下逐渐形成实现实质的平等所需的现实环境，这是一个漫长的过程，也需要政府机关、事业单位、企业与退休者等主体的协调与合作。在输入与输出的各种变量中，无论如何选择或者如何确定，事实上，潜在的排列组合是无止境的，如果实现了平等退休年龄的输出，那么应当注意这是变量的合成效果，也就是基本养老保险费等退休费用的缴纳者、缴纳数额与缴纳时间以及退休金受领者、受领数额与受领时间等共同作用，才能够完成从输入到输出的成功转化，最终体现了平等的价值理念。

三　法定退休年龄适度推延

房地产泡沫的破灭与随着而来资本市场的持续低迷，导致了世界上许多国家的财政预算下降，直接造成的后果之一就是退休金给付出现了严重的危机。[①] 2009 年美国各级政府退休金缺口达到 7000 亿美元，2013 年达到 1.2 万亿美元；2010 年欧洲退休金缺口达 1.9 万亿欧元；从 2011 年 4 月开始，日本退休金预计将出现 2.5 兆日元（289.7 亿美元）缺口。[②] 通过考察世界各国为了应对退休金危机而出台或者修改的法律以及实施的政策，可以得出结论：推延退休年龄已经成为一种趋势。随着人口老龄化程度的不断加深、老年抚养比的急速上升、退休金"空账"现象[③]的出现，我国如何能在解决现有问题的基础上最终实现对退休者基本权利的保护，逐渐成为经济稳定发展背后最为人们所关注的焦点。推延退休年龄已经显然成为解决问题的第一方法，以地方试点的形式缓慢又柔和地开始推行。

行为经济学指出，人们并不总是追求利益最大化，有时会希望牺牲眼前的利益来换取长远的利益，而一旦真正面对选择，又难以做到彻底牺牲眼前利益。许多劳动者就是根据眼前的利益来选择退休金给付，尽管那不是他们理想中的长远利益。当选择离自己非常靠近之时，内在的因素（如激励机制、情感、生理病痛等影响自我控制的因素）也可能会导致个人选择能够提供即期利益的选项。[④] 男性劳动者即将年满 60 岁，是否决

---

① Dean Baker. *The Origins and Severity of the Public Pension Crisis*, Washington, D. C. : Center for Economic and Policy Research, 2011, p. 2.

② 叶檀：《养老金是未来全球最大债务黑洞》，《京华时报》2011 年 8 月 17 日第 041 版。

③ 我国从现收现付制向部分积累制转轨过程中，因 1997 年《关于建立统一的企业职工基本养老保险制度的决定》实施前的养老保险制度对参保者的承诺而形成的巨额隐性债务，该决定实施后的新制度从一开始就负债运行，社会统筹部分基金根本无法既满足原来现收现付制对参保人员的承诺（满足"老人"退休金和"中人"过渡性养老金的现实需要），又要满足即期退休者的基础养老金的正常支出。在这种情况下，新制度不得不实行通道式管理，向个人账户基金大量透支，从而造成个人账户长期空账运转。参见蔡尚东《统账结合的中国城镇职工基本养老保险制度可持续性研究》，经济科学出版社 2011 年，第 104 页。

④ Melissa A. Z. Knoll, "The Role of Behavioral Economics and Behavioral Decision Making in Americans' Retirement Savings Decisions", *Social Security Bulletin*, Vol. 70, No. 4, 2010, p. 9.

定退休是一个涉及财务、健康、就业以及其他因素的复杂问题。考虑到大部分劳动者从二十几岁一直工作到 60 岁，那么这个决定的作出很有可能是出于情感因素。特别是对于低收入群体来说，立即给付让人难以抗拒。劳动者通常会有两种选择即长远且数额较大的退休金给付与即期但数额较小的退休金给付。如果选择的时间从临近变成了现在，那么选择后者的可能要多于选择前者；如果选择的时间变成了未来，那么劳动者可能会调换之前的决定：选择前者的要多于选择后者。① 推延法定退休年龄，曾经年满 60 岁即可以受领的即期退休金，成为了 5 年后（以上海延迟退休年龄至 65 岁为例）的远期利益，那么退休者会如何选择？

　　推延法定退休年龄是一柄双刃剑，同时会产生积极与消极的效应。首先，在一定程度上可以减轻缓解劳动年龄人口的抚养负担。根据中国统计年鉴（2014）统计结果，2013 年全国 65 岁及以上老年人口已达 1.3161 亿人，占总人口的比重达 9.7%，与 2010 年第六次全国人口普查相比，上升了 0.8 个百分点。② 人口老龄化促使老年（人口）抚养比（每 100 名劳动年龄人口负担要负担多少名老年人，英文缩写 ODR。$ODR = \dfrac{P_{65+}}{P_{15-64}} \times 100\%$ 其中，P_{65}^{+} 为 65 岁及 65 岁以上的老年人口数；P_{15-64} 为 15—64 岁的劳动年龄人口数）上升，加重了劳动年龄人口的负担。2010 年老年扶养比为 11.9%，大约 5 个劳动年龄人口负担 1 名老人，2013 年抚养比上升为 13.1%，③ 据预测到 2020 年，约 3 个劳动年龄人口负担 1 名老人，2030 年约 2.5 个劳动年龄人口负担 1 名老人。④ 如果推延退休年龄，将会使得老年抚养比下降，缓解劳动年龄人口的抚养压力。其次，有可能提高老龄劳动者继续参加工作的比例。推延法定退休年龄将会引起劳动者工作的时间更长，他们对于企业具有多年工作积累起来的认同感与责任感，而企业运作的指导方针会给劳动者提供一个共同的方向和工作的意义，⑤ 企

---

① Frederick, S., Loewenstein, G., O'Donoghue, T, "Time discounting and time preference: A critical review", *Journal of Economic Literature*, No. 40, 2002, pp. 351 –401.

② 中华人民共和国国家统计局：《中国统计年鉴 2014》，2014 年 9 月 1 日，中华人民共和国国家统计局网站（http://www.stats.gov.cn/tjsj/ndsj/2014/indexce.htm）。

③ 同上。

④ 温如军：《2010 年 5 个 "劳力" 养 1 个老人》，《法制日报》2011 年 8 月 15 日第 A15 版。

⑤ ［美］戴维·波普诺：《社会学》，李强译，中国人民大学出版社 2007 年第 11 版，第 212 页。

业的价值观念深深影响着劳动者，很有可能引起老龄劳动力参加工作比例的上升，但是因为个体退休决定中的因素不同所以导致这一结果并不确定。最后，在一定程度上会对人口寿命、健康状况、教育水平等方面的提高产生积极的影响。人口寿命的延长意味着退休金给付时间的延长，增加了财政体系的沉重负担。推延法定退休年龄，暂时会缓解退休金给付的财政压力。根据专家测算显示，在我国，退休年龄每延长一年，养老统筹基金可增收 40 亿元，减支 160 亿元，减缓基金缺口 200 亿元。[1] 随着医疗卫生条件的改善，老年人的健康状况较前代人有了较大的提高，因此生理上也允许工作时间的延长。因为教育水平的提高，所以接受高等教育与延长工作时间的能力之间的关系也越加紧密。

然而，另外，推延退休年龄的消极影响也较为明显。其一，推延退休年龄可能损害劳动者的休息权和其他福利。世界上因政府延迟法定退休年龄而导致工会抗议的事例常有发生。[2] 2010 年 7 月，法国萨科齐政府通过新的退休年龄改革法案，计划把最低领取退休金的年龄从 60 岁延迟到 62 岁，领取全额退休金的年龄则从 65 岁推延到 67 岁，引发了持续数月的多轮全国性大罢工，全国有 230 个示威活动，多达 300 万人上街示威。[3] 2011 年 6 月，英国约 75 万教师与公务员举行大罢工，抗议政府逐年提高正常退休年龄，2018 年达到 65 岁、2020 年达到 66 岁。[4] 其二，在一定程度上会对低收入者造成不良后果。许多低收入者可能因为从事繁重的体力劳动使得身体健康状况较差或者因为受教育程度较低而缺乏一定的技能，不能够一直工作到法定退休年龄。推延退休年龄的结果会延长其缴纳基本养老保险费等退休费用的期限，导致低收入者财政困难，影响他们提前退休给付的下降。其三，可能减少退休者的收入。按照目前沪人社养发

① 赖正权：《中国延迟退休及养老问题舆情研究报告》，《中国经济时报》2012 年 8 月 17 日第 011 版。

② 潘锦棠：《养老社会保险制度中的性别利益——兼评关于男女退休年龄的讨论》，《中国社会科学》2002 年第 2 期。

③ 陈新、张金岭、田德文：《法国，想打经济"翻身仗"》，《人民日报》2015 年 1 月 23 日第 023 版。

④ Patrick Butler, Jill Insley and Tom Clark. Public service pensions: how they became a striking matter, 2011 - 06 - 26, http://www.guardian.co.uk/society/2011/jun/26/public-service-pensions-striking-matter.

〔2010〕47 号文件的规定，劳动者到达退休年龄时，劳动合同依法终止。企业与退休人员可协商签订相关工作协议，在延迟申领退休金期间，企业应当参照与工作直接相关的劳动标准（工作时间、劳动保护、最低工资规定）保障延迟申领退休金人员的基本权益，企业及个人在延迟申领基本养老金期间仍然要按规定缴纳基本养老保险费和工伤保险费。虽然以劳资双方协商为前提，但是企业缴纳基本养老保险费时间延长，导致用工成本增加，因此企业提供的工资给付很可能达不到职工原来工资的标准，甚至也达不到退休金给付的标准——目前我国公务员、事业单位工作人员的退休金替代率高达 90%、企业职工为 59.2% （见后文第四章）。其四，老年人在退休后难以找到新的工作。一些退休者在退休后仍然希望找到一份工作可以增加退休收入，实现自我价值，但是推延退休年龄，等同于延长了退休者再就业的时间，增加了再就业的难度。其五，仅仅推延法定退休年龄而其他条件不变，可能会提高劳动者参加工作的比例，却不一定代表可以推延实际退休年龄。从 1950 年以来，尽管法定退休年龄在许多工业化国家保持多年不变，但是实际退休年龄却一直在下降。我国也存在类似的问题，现实中即使推延了法定退休年龄，相关法律与政策也严格规定了提前退休的要件，但是部分主体在利益的驱使下仍然会产生不规范的提前退休行为与特殊提前退休等行为。

面对以上的积极与消极作用，是否推延法定退休年龄以及如何施行，可以通过两个层面进行分析：宏观方面侧重于审视推延法定退休年龄对于国家经济的影响，微观方面关注推延法定退休年龄是否会实现鼓励劳动者延迟退休以及退休金给付是否能够得到法律保障等目标的实现。倘若颁行或者修改现行法律，推延了法定退休年龄，然而却只能满足宏观层面的需要，而必须牺牲绝大部分微观主体的要求，那么这个推延行为就不是退休法律制度所允许的行为。"法律不只是世俗政策的工具，它也是终极目的和生活意义的一部分。[①]" 无论推延与否，该行为的重要意义在于使政府、企业与退休者三方之间形成一种利益的协调。其中，因为与政府、企业比较而言，退休者是财力、能力、信息、权利保障等方面相对缺乏的弱势群体，所以应对退休者实行社会法上的倾斜性保护原则。退休的价值不应当

---

① ［美］伯尔曼：《法律与宗教》，梁治平译，中国政法大学出版社 2003 年版，第 18 页。

共退休金计划已经确立。① 然而公共部门还没有像私营部门一样经历同样
的转换，即从确定给付计划向确定缴费计划的转换，前者仍然在以雇佣为
基础的公共部门的退休金给付中占据着支配地位。② 另外，公共退休金给
付的法律问题不能适用《雇员收入保障法》进行调整。虽然公共部门退
休金给付与私营部门退休金给付具有显著区别，但是二者的确也存在一定
相似性。比如，两种退休金给付都能够适用有利的税收待遇。虽然公共部
门退休金给付不能适用《雇员收入保障法》，但是与私营部门退休金给付
一样，它也需要一个信托基金进行运营管理，而不是以社会保障的现收现
付为基础。③

　　英国退休金给付亦采用三阶层模式。第一层是法定的强制国家退休
金给付，又分为缴费退休金给付与非缴费退休金给付。前者还可以分为
基本国家退休金与额外国家退休金。第二层是补充退休金给付，以职业
退休金为主。第三层是退休个人储蓄。这三层并不是独立分离的，事实
上三者之间有大量的叠加。④ 在英国，很多人享受国家退休金的同时，
还通过参加私人退休金计划来增加年老时的生活来源。⑤ 1972 年《退休
金法案》建立了现代公务员退休金体系（PCSPS），是现收并且自愿参
加的职业退休金体系，未设基金对于退休金进行投资，所以政府与公务
员的缴费将直接作为退休金给付，其中政府缴费来源于国家预算。该体
系经历了 2002 年与 2007 年两次改革，可以分为传统型、津贴型、NU-
VOS 型等类型。公务员参加传统型退休金给付的缴费率为 1.5%，津贴
型与 NUVOS 型为 3.5%。传统型与津贴型给付退休金主要基于劳动者
退休前的工资，而 NUVOS 型不再基于劳动者退休前的工资，而是基于
平均的从业时间，换言之，基于每人每年的工资，而不再是退休之前短

---

① Alicia H. Munnell, Kelly Haverstick, Mauricio Soto et al. *What Do We Know About the Universe of State and Local Plans*, http：//crr. bc. edu/briefs/what_ do_ we_ know_ about_ the_ universe_ of_ state_ and_ local_ plans. html.

② Alicia H. Munnel, Kelly Haverstick, and Mauricio Soto, *Why Have Defined Benefit Plans Survived in the Public Sector*？, http：//crr. bc. edu/images/stories/Briefs/slp_ 2. pdf.

③ 同上。

④ James Hanlon, "Pensions integration in the European Union", *E. L. Rev.* Vol. 29, No. 1, 2004.

⑤ ［英］罗伯特·伊斯特：《社会保障法》，周长征等译，中国劳动社会保障出版社 2003
年版，第 153 页。

时间的工资。①

在德国退休金给付的三阶层模式中，法定强制退休金是第一阶层，企业退休金是第二阶层，私人退休金是第三阶层，第二、三阶层为第一阶层起到补充的作用。第一阶层代表着退休金给付的保障标准，在所有退休金给付总额也占据着最大的比重。从狭义角度而言，这是一个针对包括白领和蓝领工人在内的所有雇员的强制性体系，根据德国《社会法典》的规定，所有以获取劳动报酬为目的的从业人员或参加职业培训的人员都是法定退休金给付的对象。此外，公务员、自由职业者、农场主等主体均具有各自的退休金给付模式，共同构成了第一阶层。事实上，退休金给付实施的基础是一种不具有强制执行力的"代际契约"，国家控制这种现收现付制提高工作者的税负，将其转化为退休者的退休金。今天的工作者是否能够领取以及领取多少退休金或许都要依靠未来一代的工作者。退休金以确定给付的方式给付，意味着这些退休金并非明确地与雇员已经缴纳多少费用相关，相反，退休金受领者达到固定收入水平的原因在于退休费用缴纳的时间与平均缴费额。②

在"国民皆年金"理念的倡导之下，日本的退休金给付模式力图实现"老有所终，壮有所用，幼有所长，鳏寡孤独废疾者，皆有所养"的社会理想。日本的退休金给付模式由三部分构成。第一部分是基础年金，又称为国民年金，参加对象是居住在日本国内的20—60周岁的人。1959年日本制定了《国民年金法》，1961年开始正式实施国民年金制度。通过采用国民年金体系，日本建立了覆盖全民的年金体制。第二部分是厚生年金与共济年金，二者又被合称为"雇员年金"。厚生年金主要由1939年的船员年金和1954年新厚生年金构成；共济年金主要包括1959年国家公务员共济年金组合、1962年地方公务员共济年金组合以及1956公营企业雇员共济组合等。第一、二部分由政府运营并强制公民加入，因此也被统称为公共年金。第三部分是企业年金及个人年金，主要由企业自主运营，公民自由参加，也被统称为非公共年金。③

---

① Djuna Thurley. *Civil Service Pension Scheme* [EB/OL]. [2012 - 01 - 23]. http://www.parliament. uk/briefing-papers.

② Björn Pannemann, Torben Krösing, Arndt Petersen, *Challenges of the Demographic Change in Germany*, München: Grin Verlag, 2011, pp. 14 - 15.

③ 张凌竹：《日本公务员与私营部门雇员退休金待遇差距之成因分析》，《东疆学刊》2011年第4期，第67页。

采用三阶层体系的国家，第一阶层一般都是基础性的社会保障，以强制性缴费形式施行，以现收现付制度为主。而第二层、第三层一般是以自愿缴费为主，职业退休金、私人退休金占据了绝大份额。但是，有的国家比如瑞士，第二阶层的职业退休金与第一阶层的基本社会保障一样，均采用国家强制形式，而且覆盖劳动力的范围几近90％，所有瑞士退休金给付主要是二阶层体系。[①] 无论何种退休金给付模式，基本的目标皆体现为：一是人口覆盖面比较大，退休金给付可以广泛适用；二是风险分担较为合理，退休金给付模式固有的风险可以被适当分担；三是资金较为充足，能够满足国家的退休金标准；四是调整手段多样，能够及时应对人口寿命的延长。[②] 美国的退休金给付模式要求几近所有的雇员都必须参加社会保障体系，并提供确定给付退休金保证最低退休金标准，而以雇佣为基础的退休金给付即使有税收优惠等激励机制的促动，其覆盖率却没有超过50％。计划性与潜在性资金投入的减少使得社会保障体系限制了以雇佣为基础的退休金计划，从确定给付退休金向确定缴费退休金给付的转化显示了退休金给付模式迫切需要改革。英国的退休金给付基本上保持着自愿缴费的方式，无论确定给付退休金还是确定缴费退休金，雇主或雇员根据自己选择的退休金计划类型承担风险。德国自愿缴纳退休金的形式包括雇主缴纳退休金与个人退休金，但是目前已经发生了从雇主缴纳向雇员缴纳的转变，这种自愿的体系覆盖了将近60％的劳动力，但是提供的退休金数额相对较少。在经合组织中，日本是老龄化程度最严重的国家，受领退休金人口不断增长，而工作人口不断下降，[③] 日本政府承担整个公共年金的行政管理费用，财政压力越来越大，因而现收、现付制度遭遇挑战。各种退休金给付和负担不平衡，将其统一起来非常困难。[④]

---

① Monika Bütler, Federica Teppa, "The Choice between an Annuity and a Lump-Sum: Results from Swiss Pension Funds", *Journal of Public Economics*, No. 9, 2007, p. 5.

② Dana M. Muir, John A. Turner, *Imagining the Ideal Pension System: International Perspectives*, W E Upjohn Inst Press, 2011, p. 2.

③ 坂本純一, "Demographic Aging and Japan's Public Pension System", *Nomura Research Institute*, Vol. 4, 2009, p. 2

④ 王莉莉、郭平：《日本老年社会保障制度》，中国社会出版社2010年版，第163—164页。

三　退休金给付的方式选用

近年来，确定缴费退休金给付与个人退休金给付的重要性不断增强，也引起了越来越多的关注，焦点在于如何对于退休金给付累积这一期间进行调整，投资人与退休金计划参与人的权利如何实现，等等。同时，如何使得既有的退休金给付方式更加稳固以及允许相关机构提供这样的退休金方式也是十分重要的。因此探讨退休金给付的方式选用具有积极的现实意义。各个国家因为经济环境的差别与退休金计划传统的差异将退休金给付划分成了若干类型。总体来说，退休金给付方式一般可以分为一次性给付、定期年金给付与计划性提款给付等。

（一）一次性给付方式

一次性给付系指将可计算的全部退休金一次性给付，一般发生在职业退休金计划的退休与私人退休金的合同到期等情况下。在印度、菲律宾、泰国和中国香港等国家和地区，一次性给付是唯一的退休金给付方式。还有较为复杂一些的情况出现在一次性给付方式中，比如退休之前提取退休金，一些国家允许基于特定事由提前领取全部或者部分的退休金：墨西哥规定的法定事由是结婚与失业，瑞士是购房，新加坡是死亡、残疾、购房、教育等。一次性给付具有明显的优点：非常便于管理，不要求复杂的计算甚至退休金计划记录的保持；而对于提前退休者更是易于将退休金进行投资。但是缺点也显而易见：一次性给付在一定程度上没有降低退休金受领者的风险，反而有所增加。人们很难预测退休后还能够维持现在的生活标准到底还需要多少金钱以及退休后生存的时间长短等情形。有些退休者没有以合理的方式反而非理性地消费了退休金，导致退休生活陷入窘境的同时在一定程度上增加了社会风险。

（二）定期年金给付方式

定期年金给付系指只要退休者生命存续即给付退休金，也包括给付给遗属等情形。一般会以固定的形式给付，比如按周、按月、按季度给付。在奥地利、玻利维亚、荷兰、挪威、波兰、瑞典等国家，定期年金给付是唯一的退休金给付方式。该方式主要的优势在于给付比较稳定，而且延续至退休者的终生。另外，它也有自己的缺陷：退休者可能失去管理退休金赚得更多投资回报的机会；有的国家没有建立普遍性的健康保险体系，退休者可能在退休期间会面对沉重而又不可预料的医疗费用负担，却没有必需的现金来源。定期年金的种类较为复杂，有可变年金、延期年金与人寿保险等，比较重要的一种是指数化年金。指数化年金规定定期年金给付在一定时间内应当以特定方式增长。最主要的方式是定期年金给付与整体物价膨胀指数相连，以便保护退休金的基本价值与购买力。购买指数化年金是比较昂贵的。就具有固定数额的退休资本来说，早期指数化年金的给付是远远低于传统固定退休金的给付。在欧洲，保险公司的年金购买价格将会使用一个相对较低的利率，比如在比利时，利率不允许超过 3.75%，而保险公司对其所有的保险政策只能用 3.25% 的利率。保险公司每年赚取额外的利息，大部分的额外利息皆是归因于保险客户的投保。在智利、哥伦比亚、墨西哥、乌拉圭、多美尼加，指数化的定期年金给付是强制性的。

（三）计划性提款的给付方式

计划性提款的给付方式是指一系列的固定的或可变的给付，退休者根据这一给付可以提取部分退休资本，该方式努力为退休者的生活提供稳定的年收入。每年提款的数额是根据法定公式计算得出。有的国家在提款数额方面设置了最低限额或最高限额或二者兼而有之，例如加拿大在私人退休收入的给付方面仅设置了最低限额，65 岁时比例为 4%，逐步增加到 80 岁时的 8.75%，94 岁及以上是 20%。英国设置了最大限额是 75 岁时领取 120% 的比较年金数额，75 岁也是全额年金强制给付的年龄。澳大利亚同时设置了最大限额与最低限额。在受到限制方面，计划性提款给付比一次性给付承受更多的限制，但是比购买定期年金的花费要少。在资本继续投资与赚取高额回报率方面，计划性提款比传统定期年金给付更有优势。智利和墨西哥等国家规定当退休资本数额过小不足以购买适用终生的退休金之时，适用计划性提款的给付方式比允许或强制性的一次性给付更为合理。但是，计划性提款最主要的缺点在于，退休者尚存之时，资本有可能已经全部耗尽。计划性提款的数额与存续期间一般都是通过平均寿命而计算得出，而退休者很有可能生存超过这个平均寿命。如果一个国家没有发达的年金市场，或者年金市场极为易变，计划性提款都将凸显其重要的作用。这样的国家允许附带限额的一次性给付，也允许甚至鼓励去选择计划性提款，智利经过 1981 年退休金改革之后，即成为这个方式的典型代表。

（四）联合管理的方式

越来越多的国家在退休金给付方式上并不是规定单一制度，而是选择联合管理的方式。原因在于每一种选择都具有优缺点，联合管理可以允许个人选择不同类型，这是解决许多退休者"孤注一掷"担忧的有效途径。澳大利亚、丹麦、巴西、日本、新加坡等国允许退休者在一次性给付、定期年金给付、计划性提款给付中进行广泛的选择。卢森堡、希腊、西班牙、比利时、南非、瑞士、美国等国允许退休者可以选择一次性给付或者定期年金给付。德国、意大利、英国等国的退休者可以选择部分参与一次性给付，比例为 1/4 到 1/3。这部分一次性给付通常是免税的，不用依赖于剩下的定期年金给付。如果一次性给付被转变为定期年金给付，仅仅利息部分会被征税，而不是全部。除此之外是年金给付。[①]

（五）确定缴费计划与确定给付计划的给付方式

在北美和西欧等国家，确定缴费计划的退休金给付方式即一次性给付或者年金定期给付。特别是在西欧国家，过去只允许年金定期给付，在一定程度上反映了这些国家对于退休金的性质的认识：用退休之后的退休年金收入来代替退休之前的收入。然而退休金并不是理所当然被归类为收益的类别，在拉美国家与意大利，雇主在退休时必须缴纳终止赔偿。确定缴费计划只有少数提供定期给付方式，一般提供一次性给付。如果雇员希望退休之时可以有足够的退休金维持生活，那么他们必须以一定的方式（比如投资等）管理这笔资金以确保目的实现。因此，雇员要承担一定的风险：生存时间超出一次性给付维持的时间，退休金不足以支持生活。对比而言，确定给付计划选用退休金给付的方式更多地采用终身年金或一定期间的年金，以按月给付为代表方式，直到受领者生命终止，即以定期给付为主。受领者不必负责管理资金。[②] 现在，在确定给付计划中，一次性给付方式也有增长的趋势。两种计划除退休金给付外，也提供失能、死亡（或遗属）给付。

第二节　我国退休金给付法律保障的现实问题

退休金给付是退休法律制度的核心问题。从微观层面来说，退休金给

① Pablo Antolin, Colin Pugh, Fiona Stewart, "Forms of Benefit Payment at Retirement", *OECD Working Papers on Insurance and Private Pensions*, Vol. 26, 2008, pp. 6 – 20.

② National Academy of Social Insurance (U. S.), Peter Edelman, Dallas L. Salisbury, et al, *The Future of Social Insurance: Incremental Action or Fundamental Reform*, Washington, D. C. : Brookings Inst Pr, 2002, p. 123.

付是个人退休以后的替代收入；从宏观层面来说，退休金给付影响着国民经济的整体发展。据人社部统计，截至 2014 年年底，全国城镇职工基本养老保险累计结余 35645 亿元人民币。[①] 看似庞大的数字背后却屡屡发生企业欠缴基本养老保险费、申报基数不实、退休职工无法正常领取退休金等引起的关于退休金给付的法律纠纷。退休金受领者的利益需要法律进行保障，政府着力对于退休金给付体系进行构建与改革，出台了相应的法律法规进行调整，但是退休金给付体系的现状仍然不甚理想。

一　退休金给付法律制度供给不足

（一）退休金给付的立法进程回顾

按照时间发展的脉络与退休金给付体系的变化，可将退休金给付的立法进程分为三个阶段。第一阶段是退休金给付体系的初步建立时期（1951—1978 年）。1951 年政务院颁布的第一部有关退休金给付的法规《劳动保险条例》（后经 1953 年、1956 年两次修订）规定企业按月缴纳企业全部工人与职员工资总额的 3% 作为劳动保险金，其中 30% 存于中华总工会户内，作为劳动保险总基金，70% 存在企业工会基层委员会户内，支付职工的退休养老金等，职工不须缴费。至此，企业职工退休金给付体系开始依法确立。这种借鉴苏联"国家/单位保险"[②] 的模式，是建立在当时高度集中的计划经济体制之下，退休金给付完全依赖于企业缴费，缺乏个人激励机制，没有市场激励因素，企业作为唯一的责任主体，负担沉重。1955 年国务院同时颁发了《国家机关工作人员退休处理暂行办法》与《国家机关工作人员退职处理暂行办法》等法规。从此，国家机关、事业单位工作人员的退休金给付体系开始建立。1958 年国家施行了《关于工人、职员退休处理暂行规定》，企业职工与国家机关、事业单位工作人员的两种退休金给付方式走向了统一。1966—1976 年的"文化大革命"

---

① 人力资源和社会保障部：《2014 年人力资源和社会保障事业发展统计公报》，2015 年 5 月 28 日，人力资源和社会保障部网站（http://www.mohrss.gov.cn/SYrlzyhshbzb/dongtaixinwen/buneiyaowen/201505/t20150528_ 162040. htm）。

② 郑秉文、高庆波、于环：《新中国社会保障制度的变迁与发展》，载陈佳贵、王延中《中国社会保障发展报告（2010）No.4：让人人享有公平的社会保障（2010 版）》，社会科学文献出版社 2010 年版，第 2 页。郑秉文等学者指出："国家/企业保险"制度模式是指以国家为实施和管理主体，国家和企业共同负担费用，由此形成国家和企业一体化的社会保障模式。

破坏了退休金给付体系的运行。

第二阶段是退休金给付体系的基本确立时期（1978—1999 年）。1978
年，国务院颁发《关于安置老弱病残干部的暂行办法》和《关于工人退
休、退职的暂行办法》。这两个"办法"将 1958 年建立的统一的企业职
工与国家机关、事业单位工作人员的退休金给付进行了分离。这是"文
化大革命"结束后国家恢复重建退休养老制度的重要标志。[①] 1980 年
《个人所得税法》第 4 条规定，干部、职工的退职费、退休费，免纳个人
所得税。该条款经 1999 年修订后规定，按照国家统一规定发给干部、职
工的安家费、退职费、退休工资、离休工资、离休生活补助费，免纳个人
所得税。1991 年国务院发布《关于企业职工基本养老保险制度改革的决
定》，提出建立由政府、企业与个人三方共同负担的退休金给付体系，即
社会基本养老保险、企业补充基本养老保险和职工个人储蓄性基本养老保
险相结合的制度，另外，基本养老保险基金实行社会统筹与部分积累的模
式。这是改革开放以来，国家就基本养老保险问题第一次做出的重大决
策。[②] 1993 年，党的十四届三中全会通过了《关于建立社会主义市场经济
体制若干问题的决定》，提出城镇企业职工基本养老保险制度"由企业和
个人共同负担"、"实行社会统筹和个人账户相结合"等要求。1995 年 1
月 1 日施行的《劳动法》规定了社保基金实行社会统筹，用人单位和劳
动者必须依法参加社会保险，缴纳保费。1995 年 3 月，国务院发布《关
于深化企业职工基本养老保险制度改革的通知》，该文件将"社会统筹和
个人账户相结合"的原则具体化，标志着基本养老保险从"单位保险"
经社会统筹，进而发展到"统账结合"模式，这项制度的创新被称为中
国基本养老保险改革的第二个里程碑。[③] 1997 年，国务院发布《关于建立
统一的企业职工基本养老保险制度的决定》，统一了我国的企业养老社会
保险制度，确定了当前养老社会保险制度的基本模式。1998 年，国务院
颁行《关于实行企业职工基本养老保险省级统筹和行业统筹移交地方管
理有关问题的通知》，提出加快实行企业职工基本养老保险省级统筹，将

---

① 郑功成：《中国社会保障 30 年》，人民出版社 2008 年版，第 54 页。

② 郑秉文、高庆波、于环：《新中国社会保障制度的变迁与发展》，载陈佳贵、王延中
《中国社会保障发展报告（2010）No. 4：让人人享有公平的社会保障（2010 版）》，社会科学文
献出版社 2010 年版，第 59 页。

③ 同上书，第 64 页。

铁道部等 11 个部门的基本养老保险行业统筹移交地方管理等。1999 年，国务院颁布《社会保险费征缴暂行条例》，明确了基本养老保险费的征缴方式与覆盖范围。

第三阶段是退休金给付体系的变革选择时期（2000 年至今）。2000 年，国务院发布《关于印发完善城镇社会保障体系试点方案的通知》，选择辽宁省在全省范围内进行完善城镇社会保障体系试点，提出做实个人账户和改革基本养老金计发办法，等等。2005 年国务院发布《关于完善企业职工基本养老保险制度的决定》，总结了 2000 年在辽宁省进行完善城镇社会保障体系试点之后的经验，提出做实个人账户，从 2006 年 1 月 1 日起，个人账户的规模统一由本人缴费工资的 11% 调整为 8%，全部由个人缴费形成，单位缴费不再划入个人账户；基本养老金由基础养老金和个人账户养老金组成。退休时的基础养老金月标准以当地上年度在岗职工月平均工资和本人指数化月平均缴费工资的平均值为基数，缴费每满 1 年发给 1%，进一步完善鼓励职工参保缴费的激励约束机制。2004 年 5 月 1 日，原劳动和社会保障部发布的《企业年金试行办法》与原劳动和社会保障部、中国银行业监督管理委员会，中国证券监督管理委员会和中国保险监督管理委员会联合发布的《企业年金基金管理试行办法》（已经失效）同时开始实施，明确将中国"三阶层"结构中第二阶层企业年金制度（之前称为企业补充基本养老保险）定位为信托型 DC[①] 制度，也被称为"中国版 401k 计划"。事实上，美国 401k 计划是美国《国内税收法》规定的条款，其重点在于延迟纳税。2009 年国家税务总局公布的《关于企业年金个人所得税征收管理有关问题的通知》中规定对企业年金的个人缴费部分不得在个人当月工资、薪金计算个人所得税时扣除，即需要对其进行征税，没有实现"延迟纳税"的初衷。2011 年 2 月，人力资源和社会保障部、中国银行业监督管理委员会、中国证券监督管理委员会与中国保险监督管理委员会联合发布并于同年 5 月 1 日开始实施的《企业年金基金管理办法》对于企业年金财产投资的产品及其比例进行了严格的限制。2010 年 10 月 28 日《中华人民共和国社会保险法》公布，于 2011 年 7 月

---

① 郑秉文、高庆波、于环：《新中国社会保障制度的变迁与发展》，载陈佳贵、王延中《中国社会保障发展报告（2010）No. 4：让人人享有公平的社会保障（2010 版）》，社会科学文献出版社 2010 年版，第 36 页。郑秉文教授所称信托型 DC 制度，即本文前文所指确定缴费制度。

1 日起施行，其中明确了基本养老保险的覆盖范围、模式、缴费条件与比例等内容。2011 年国家制定"十二五"规划纲要提出，积极稳妥推进养老基金投资运营。2012 年 1 月，人力资源和社会保障部社会保险基金监督司印发《2012 年社会保险基金监督工作要点》的通知，提出研究基本养老保险基金投资运营的模式、管理机制、政策措施、监管办法等，促进基金保值增值；同时针对企业年金集合计划、基金合同管理、基金管理与基金监管评价体系等也做出了规划。

另外，公务员与事业单位工作人员的退休金给付体系伴随着企业职工退休金给付体系的变动也开始有了改革的动向，虽然行为谨慎，但是也终究迈出了改革的第一步。1992 年 1 月，原人事部发布《关于机关、事业单位基本养老保险制度改革有关问题的通知》提出，机关、事业单位基本养老保险制度的改革逐步改变退休金实行现收现付、全部由国家包下来的做法……建立国家统一的、具有中国特色的机关、事业单位社会基本养老保险制度。5 月中共中央组织部、原人事部印发《关于加强干部退休工作的意见》的通知提出因地制宜，不断改进和完善退休干部管理形式，机关和事业单位的退休金给付体系出现了改革的先兆。2000 年，国务院发布《关于印发完善城镇社会保障体系试点方案的通知》中规定，改革公务员、事业单位职工基本养老保险的办法为公务员（含参照国家公务员制度管理的事业单位工作人员）的现行基本养老保险制度仍维持不变；全部由财政供款的事业单位，仍维持现行基本养老保险制度；已改制为企业的，执行城镇企业职工基本养老保险制度，并保持已退休人员基本养老金水平不变；由财政部分供款事业单位的基本养老保险办法，在调查研究和试点的基础上另行制定等。2003 年，党的十六届三中全会通过的《中共中央关于完善社会主义市场经济体制若干问题的决定》指出，要"积极探索机关和事业单位社会保障制度改革"，随后，机关、事业单位基本养老保险的试点改革在各地展开。[①] 2006 年 1 月 1 日开始施行的《中华人民共和国公务员法》第 79 条规定公务员退休金等所需经费，应当列入财政预算，予以保障；第 89 条规定，公务员退休后，享受国家规定的退休

[①] 郑秉文、高庆波、于环：《新中国社会保障制度的变迁与发展》，载陈佳贵、王延中《中国社会保障发展报告（2010）No. 4：让人人享有公平的社会保障（2010 版）》，社会科学文献出版社 2010 年版，第 71 页。

金和其他待遇。2008 年 2 月，国务院发布《关于印发事业单位工作人员基本养老保险制度改革试点方案的通知》（国发〔2008〕10 号），确定在山西、上海、浙江、广东、重庆 5 省市先期开展试点，与事业单位分类改革配套推进。试点的主要内容包括：基本养老保险费用由单位和个人共同负担，退休待遇与缴费相联系，基金逐步实行省级统筹，建立职业年金制度，实行社会化管理服务等。2014 年国务院《事业单位人事管理条例》第 35 条规定，事业单位及其工作人员依法参加社会保险，工作人员依法享受社会保险待遇。2015 年 1 月国务院《关于机关事业单位工作人员养老保险制度改革的决定》规定，基本养老保险费由单位和个人共同负担。单位缴纳基本养老保险费的比例为本单位工资总额的 20%，个人缴纳基本养老保险费的比例为本人获得工资的 8%。力图从制度和机制上化解退休金"双轨制"的矛盾。在此基础上，形成城镇职工和城乡居民基本养老保险并行的两大制度平台，并可相互衔接，从而构建起完整的城乡养老保险制度体系。

（二）退休金给付的立法层次有待提高

就目前的立法状况而言，我国存在大量与退休金给付相关的法律规范性文件，但是专门性法律缺位。从立法进程中可以看到，1983 年 9 月 2 日，全国人民代表大会常务委员会发布《关于授权国务院对职工退休退职办法进行部分修改和补充的决定》是有关法律问题的决定，其主要内容是"授权国务院对一九七八年五月二十四日第五届全国人民代表大会常务委员会第二次会议原则批准的《国务院关于安置老弱病残干部的暂行办法》和《国务院关于工人退休、退职的暂行办法》的部分规定作一些必要的修改和补充。"除此之外，《劳动法》第九章"社会保险和福利"规定了社会保险的参加方式、参加主体、基金管理等若干问题；《社会保险法》只在第二章规定了"基本养老保险"的内容，《公务员法》分别在第 79 条与第 89 条提到了退休金的经费来源与享有退休金具有法定性。可见，无论对于是公务员、事业单位工作人员还是企业职工等主体，国家都没有针对性地制定专门的退休金给付法。在整个退休金给付的法律体系中，除了一定数量的行政法规，大量的部门规章与规范性文件是社会实践中的主要法律依据。各个省、市、自治区根据国务院的文件也制定属于本行政区划的相关退休金给付的规范性文件。从 1951 年开始，《劳动保险条例》《国家机关工作人员退休处理暂行办法》《国家机关工作人员退职处理暂行办法》、国务院关于颁发《国务院关于安置老弱病残干部的暂行办法》和《国务院关于工人退休、退职的暂行办法》的通知等是行政法规；而影响我国退休金给付的重要文件①却以部门规章、规范性文件为主。由此必将导致退休金给付的法律体系具有易变性；又因涉及财政负担、人力资源、社会保障与税收征缴等多个方面，退休金给付的相关规范性文件需要多个部门单独或者联合制定，也导致这一法律体系缺乏系统性。而长期以来，行政部门的职能与利益不分，制定与适用规范性文件的过程中往往会出现公众主体缺位，既得利益主导话语权的状况②。专门性法律的缺失，暴露出退休金给付的法律基础甚为薄弱，立法低层次与不稳定性导致法律的约束力降低，在实践中很难以严谨的逻辑体系与适用依据去解决存在于退休金受领者与给付者之间、退休基金各方当事人之间、政府有关退休金给付的各个部门之间，政府、企业与个人对于退休金缴费、给付的责任分担之间等多方法律关系。

二　退休金给付新旧制度更替不畅

我国的退休金给付经历了确立—改革—再次确立—再次改革的数次尝试，虽然每一次制定或者修改相关立法所追求的价值取向始终意在保护退休者权利，减少退休金给付的不公平待遇与要求政府、企业和个人分担责任等，然而事实上，退休金给付制度一经确立则很难彻底将其改变，以至于后来产生所有的变化也只是在原有体系基础上进行的修修补补，新制度

---

① 在重要的法规性文件为《国务院关于企业职工基本养老保险制度改革的决定》（国发〔1991〕33号）、《国务院关于深化企业职工基本养老保险制度改革的通知》（国发〔1995〕6号）、《国务院关于建立统一的企业职工基本养老保险制度的决定》（国发〔1997〕26号）、《国务院关于实行企业职工基本养老保险省级统筹和行业统筹移交地方管理有关问题的通知》（国发〔1998〕28号）、《国务院关于印发完善城镇社会保障体系试点方案的通知》（国发〔2000〕42号）、《国务院关于完善企业职工基本养老保险制度的决定》（国发〔2005〕38号）、《国务院关于机关事业单位工作人员养老保险制度改革的决定》（国发〔2015〕2号）、《国务院办公厅关于印发机关事业单位职业年金办法的通知》（国发〔2015〕18号）等。重要的部门规章为《企业年金试行办法》《企业年金基金管理办法》等。重要的部门规范性文件为《国家税务总局关于企业年金个人所得税征收管理有关问题的通知》（国税函〔2009〕694号）与《人力资源和社会保障部社会保险基金监督司关于印发〈2012年社会保险基金监督工作要点〉的通知》（人社监司便函〔2012〕1号）等。

② 王长江：《制度创新要直面既得利益》，《学习月刊》2009年第11期。

的建立也继承了旧制度尚未解决的问题。退休金给付制度改革需要考量包括旧有退休金制度、整体经济形势、人口发展趋势与金融市场的状况等结构性因素。这些因素虽然不会完全决定改革的出路，但是至少会使得改革者选择的走向有所依据。退休金给付制度的旧有结构也显示出了一种政治选择，曾经的决策者保护了享有既得利益的群体，限制了未来改革的视野。国发〔1997〕26号文件实施以前的国有企业就是既得利益群体的组成部分之一，改革之前，在非市场经济体制之下，退休金是"终身制的工资"，替代率①几乎为100%，从国有企业的经常性收入中支付，等于是由国家进行支付。退休金给付制度进行改革的主要对象即是国企职工的退休职工。国发〔1997〕26号文件实施之前已经退休的职工的退休金、该文件实施之前已经存在劳动关系并持续到现在的职工因积累制而增加的退休金共同构成了我国新旧制度转换遗留的隐性债务②，当然，也是国家应当履行的义务。

　　在退休金给付体系逐步确立的过程中，我国选择了地方试点到逐步推广作为重要的改革方式，一般选择经济较为发达、退休金给付的区域性特点突出、具有良好的法制环境的省级行政单位来试行。2000年12月，国务院发布《关于印发完善城镇社会保障体系试点方案的通知》（国发〔2000〕42号），该通知选择辽宁省进行完善城镇社会保障体系的试点工作。但是经过试点，辽宁省没有翔实全面地提出统账结合、做实个人账户这个体系存在的问题，③因此，除了高额的转换成本要求个人账户全部由个人账户基金支持，整个体系将不得不始终依赖政府的财政支持，而现实中政府将从现收现付制向统账结合转换的成本这一责任

---

①　替代率指的是在某一时间段内个人退休金收入与退休前工资收入的比例，一个可以衡量退休金给付体系是否有效的手段。OECD, *Society at a glance*：*OECD social indicators*, Paris：OECD Publishing, 2005, p. 66。

②　implicit pension debt（IPD）隐性债务，现在国际上没有标准的定义，隐性债务是现收现付制度固有的。"所谓养老保险隐性债务，是指政府作出的对职工退休时的养老金支付承诺中，没有相应资金积累的那部分债务。而之所以称为隐性债务，是因为它相对于已经确认、计量并一记录报告的养老金债务更具有隐性化的特点，既不表现为当期的养老金赤字，也没有明确的偿债时间和具体的偿还金额约束。"李丹：《中国养老金隐性债务偿付机制研究》，博士学位论文，复旦大学，2009年，第17页。

③　Yvonne Sin. *Pension Liabilities And Reform Options For Old Age Insurance*, Washington Dc：The World Bank, May, 2005, pp. v.

转嫁给了企业，导致企业缴费率较高，严重损害了企业积极性。因为这种固有的缺陷和体制上的漏洞，所以习惯上将退休金给付的不平衡用来分期偿还个人账户的平衡终将导致建立统账结合的初衷无法实现。同时，个人账户基金只能按国家规定存入银行，全部用于购买国债，产生的回报率低，在大多数情况下没有超过工资的增长，难以实现保值增值的初衷。2004年该试点范围扩大到吉林、黑龙江两省。2005年，国务院根据东北三省完善城镇社会保障体系试点经验出台了《关于完善企业职工基本养老保险制度的决定》。截至2014年年末，辽宁、吉林、黑龙江、天津、山西、上海、江苏、浙江、山东、河南、湖北、湖南、新疆13个做实企业职工基本养老保险个人账户试点省份共积累基本养老保险个人账户基金5001亿元。全国31个省份和新疆生产建设兵团已建立养老保险省级统筹制度。① 但是全国社会保障基金自成立以来的年均投资收益率为8.38%，累计投资收益额是5611.95亿元。② 绝大部分地方养老金只能存入银行或者购买国债，没有实现保值增值的目的，实际上是使退休金处于隐性亏损和不断贬值状态。目前全国只有广东省于2012年委托全国社会保障基金资金权益1055.58亿元，其中，委托资金1000亿元，累计投资收益173.36亿元。③ 2015年经国务院批准，山东省继广东省之后确定将1000亿元职工养老保险结余基金委托全国社会保障基金理事会投资运作。④ 目前，统账结合制度的发展始终伴随着旧有制度转换遗留的巨额成本费用等问题。根据国发〔1997〕26号文件规定，实施前已经离退休的人员，仍按国家原来的规定发给养老金，同时执行养老金调整办法。虽然企业职工基本养老保险制度按照"新人新制度、老人老办法、中人逐步过渡"的方式设计，但是等于说现在的雇员（或者职工）除了缴纳自己的基本养老保险费，还要负担前一辈

---

① 人力资源和社会保障部：《2014年人力资源和社会保障事业发展统计公报》，2015年5月28日，人力资源和社会保障部网站（http：//www.mohrss.gov.cn/SYrlzyhshbzb/dongtaixinwen/buneiyaowen/201505/t20150528_162040.htm）。

② 全国社会保障基金理事会：《全国社会保障基金理事会基金年度报告（2014年度）》，2015年5月29日，全国社会保障基金理事会网站（http：//www.ssf.gov.cn/cwsj/ndbg/201505/t20150528_6578.html）。

③ 同上。

④ 李超：《山东千亿养老金结余委托全国社保基金投资》，《中国证券报》2015年7月22日第A02版。

雇员遗留的所有成本费用，这也造成了退休金个人账户"空账"问题的产生。截至 2012 年年底，空账规模达到 2.6 万亿元。[①]

这种地方试点到逐步推广的改革方式渐渐已经形成了我国退休金给付上特有的模式，但是很多情况下，试点之后因为效果不佳而致使新制度被搁置。2008 年 2 月，国发〔2008〕10 号文件确定在山西、上海、浙江、广东、重庆 5 省市先期开展事业单位工作人员基本养老保险制度改革试点，与事业单位分类改革配套推进；2009 年 1 月 28 日，人力资源社会保障部证实"事业单位基本养老保险制度改革方案"已正式下发，在该五省市试点，此次改革的重要内容是将事业单位基本养老保险调至与企业一致。但是因为缺乏翔实可行性的论证与设计方案，未来改革的措施势必会对事业单位工作人员享有的既得退休金利益造成较大的侵害，所以参与试点的五个省市有的出台了具体的改革意见，但是始终没有进行全面具体的改革，事业单位基本养老保险改革面临着尴尬的局面。然而在这些试点改革旧有制度的背后，久而久之就会形成新的地方利益和既得利益群体，[②] 缺少对于试点地方进行合理、全面的总结与评估，急于建立新制度的同时，也造成了转化旧制度遗留的问题，使得我国退休金给付的未来之路负担沉重。

三　退休金给付"双轨制"易导致分配不公平

2014 年 10 月 1 日《关于机关事业单位工作人员养老保险制度改革的决定》施行以前，我国公务员、事业单位工作人员与企业职工的退休金给付体系是两种不同的退休金给付体系。自从 1978 年国务院颁发《关于安置老弱病残干部的暂行办法》以来，公务员退休金给付始终采用现收现付制度，由国家财政统筹，个人不用缴费，也没有建立个人账户，退休金的替代率几近 100%。事业单位工作人员的退休金替代率与公务员保持一致，但是近年来事业单位逐步启动了改革方案，逐渐与企业职工的退休金给付接轨。用人单位应当按照国家规定的职工工资总额的比例为职工缴纳基本养老保险费，记入基本养老保险统筹基金。职工应当按照国家规定

---

① 祁斌、高小真、查向阳、李东平、孙博：《推进养老金改革与资本市场发展良性互动》，《中国证券报》2014 年 3 月 13 日第 A08 版。

② 郑功成：《中国社会保障 30 年》，人民出版社 2008 年版，第 85 页。

的本人工资的比例缴纳基本养老保险费，记入个人账户。①

表3　　公务员、事业单位工作人员、机关技术工人、普通工人的退休金

主体 ＼ 工作年限	工作满35年	工作满30年不满35年	工作满20年不满30年
公务员	90%	85%	80%
事业单位工作人员	90%	85%	80%
机关技术工人、普通工人	90%	85%	80%

注：表格数据来源《关于机关事业单位离退休人员计发离退休费等问题的实施办法》（国人部发〔2006〕60号）。其中百分比数据系指退休金的替代率。

表4　　　　　　　　　　企业职工的退休金

企业职工（缴费年限累计满15年）	新人（60岁退休、缴费35年者）		中人	老人
退休金构成	59.2%	基础退休金35%	基础退休金	按照国家原来的规定发放退休金，同时随退休金调整而增加退休待遇
			个人账户退休金	
		个人账户退休金24.2%	过渡性退休金	

注：表格数据来源《关于建立统一的企业职工基本养老保险制度的决定》（国发〔1997〕26号）、《关于完善企业职工基本养老保险制度的决定》（国发〔2005〕38号）与《关于印发完善企业职工基本养老保险制度宣传提纲的通知》（原劳社部发〔2005〕32号）。其中百分比数据系指退休金的替代率。"新人"是指（国发〔1997〕26号）实施后参加工作的企业参保（企业职工基本养老保险）的人员，"中人"是指国发〔1997〕26号文件实施前参加工作、（国发〔2005〕38号）实施后退休的参保人员属于"中人"，"老人"是指国发〔2005〕38号实施前已经离退休的参保人员。

从表3与表4可以看出，公务员、事业单位工作人员不需缴纳基本养老保险费，企业职工则需要缴纳个人账户的基本养老保险费。在具有相同工作年限的条件下，前者的退休金替代率明显高于后者的退休金替代率。自2005年7月1日起至2015年1月1日，国家连续11年提高企业退休人

———————————

① 《社会保险法》第12条规定，用人单位应当按照国家规定的本单位职工工资总额的比例缴纳基本养老保险费，记入基本养老保险统筹基金。职工应当按照国家规定的本人工资的比例缴纳基本养老保险费，记入个人账户。无雇工的个体工商户、未在用人单位参加基本养老保险的非全日制从业人员以及其他灵活就业人员参加基本养老保险的，应当按照国家规定缴纳基本养老保险费，分别记入基本养老保险统筹基金和个人账户。

员退休金。即便如此，企业职工的退休金给付水平仍低于公务员、事业单位工作人员。全国 3000 多万事业单位人员，月平均退休金是企业退休职工的 1.8 倍；而公务员的退休金是企业职工退休金的 2.1 倍。① 公务员、事业单位工作人员与企业职工的退休金存在差距的情形被称为退休金"双轨制"。两种体系之间明显的不平等引起了较大的社会争议，而且近年来愈演愈烈。2014 年 10 月 1 日国务院《关于机关事业单位工作人员养老保险制度改革的决定》和《机关事业单位职业年金办法》实施之后，部分学者指出退休金"双轨制"发生了并轨。但事实上这种并轨不可能一蹴而就。接下来仍然大量存在已经领取养老金的和将在今后一段时期内领取养老金的老人和中人适用该规定的问题、替代率并轨问题、财政支出与补助问题、机关事业单位年金制度的具体构建问题等，它离实现真正意义的并轨还有一段距离。

另外，在我国，公务员与事业单位工作人员的退休金给付之间也存在清晰的界限。在论述这个问题之前，有必要首先对于本文探讨的事业单位进行限定。根据国务院 2011 年 3 月出台《分类推进事业单位改革实施指导意见》（中发〔2011〕5 号）规定，按照社会功能将现有事业单位划分为承担行政职能、从事生产经营活动和从事公益服务三个类别。对承担行政职能的，逐步将其行政职能划归行政机构或转为行政机构；对从事生产经营活动的，逐步将其转为企业；对从事公益服务的，继续将其保留在事业单位序列、强化其公益属性。其中根据职责任务、服务对象和资源配置方式等情况，将从事公益服务的事业单位细分为两类：承担义务教育、基础性科研、公共文化、公共卫生及基层的基本医疗服务等基本公益服务，不能或不宜由市场配置资源的，划入公益一类；承担高等教育、非营利性医疗等公益服务，可部分由市场配置资源的，划入公益二类。而 2008 年施行《事业单位工作人员基本养老保险制度改革试点方案》中规定"本方案适用于分类改革后从事公益服务的事业单位及其工作人员。"基于此，本文探讨的事业单位是限定在中发〔2011〕5 号规定中的从事公益服务的事业单位。

在事业单位改革之前，公务员与事业单位工作人员之间退休金给付的

---

① 耿雁冰：《事业单位退休金或就高不就低》，《21 世纪经济报道》2011 年 5 月 13 日第 05 版。

差距就已然存在。改革以后，如果没有适当的方式方法及时进行调整，这种差距会越来越大。2014 年 10 月以前，公务员的退休金给付全部来源于国家财政拨款，事业单位则有所区分，经过几轮改革，目前我国事业单位分为全额拨款事业单位、差额拨款事业单位和自筹自支事业单位。一般来说，自筹自支事业单位从业人员收入水平较低，也是事业单位之间收入分配"洼地"。① 另外，近年来，公务员的工资水平高于事业单位工作人员的工资水平，但是退休金的替代率因不同工资体系而大不相同，因此导致公务员的平均退休金要高于事业单位工作人员。因此，退休金"双轨制"不仅存在于公务员、事业单位工作人员与企业职工之间，而且也存在于公务员与事业单位工作人员之间，未来也有可能演变为公务员与事业单位工作人员、企业职工之间的新"双轨制"。而 2014 年 10 月 1 日《关于机关事业单位工作人员养老保险制度改革的决定》施行以后，公务员、事业单位工作人员的基本养老保险费由单位和个人共同负担，使得退休金"双轨制"终于走上了全面改革之路。

第三节　我国退休金给付法律保障的强化

退休金给付的初衷在于为退休者提供持续、充足的退休金，如何更好实现这一初衷，是通过对既有法律法规的调整？还是废止旧法、制定新规？退休金给付旧制度的遗留债务如何消除？新制度的沉重负担如何减轻？新旧制度如何更好地衔接？退休金给付"双轨制"背离了何种法的价值理念？和谐社会中如何减少退休金给付的分配不公？这些都是需要深入探讨并予以回答的问题。

一　探索制定专门性法律

在我国，司法实践中关于退休金给付纠纷的案件数量逐年递增，以具体案例来分析一般法律的适用或许可以解答是否应当制定退休金给付专门法律的问题。从 2000 年开始，河南省淮阳县水利局工程公司的退休职工连续 8 年没有领到退休金，淮阳县水利局拒绝承认这些退休职工

---

① 车辉：《事业单位收入"缩差"的关键何在?》，《工人日报》2011 年 12 月 18 日第 03 版。

的人事关系，劳动部门以他们是事业单位退休的，不在他们受理范围为由，拒绝受理。经向淮阳县劳动争议仲裁委员会申请仲裁，2008 年 7 月 1 日淮阳县劳动争议仲裁委员会下发了《不予受理通知书》，理由如下：1. 申请人是被诉单位已退职工，按国家政策规定，按时足额发放退休工资是必须的，不存在争议问题。2. 申请人是事业单位在编人员，其劳动关系不在《劳动法》的调解范围。① 事后，淮阳县委、政府曾第一时间组成调查组，特答复退休职工：淮阳县水利工程公司属企业单位，具有独立的法人资格，公司内所有工人的工资、基本养老保险、医疗保险、生活费及应享受的待遇等均应由淮阳县水利工程公司负担，该公司退休工人的工资待遇问题也应该由企业负责。淮阳县水务局于2003 年出台了《关于淮阳县水利工程公司退休工人生活的解决办法》，为退休人员发放每人每月 200 元的生活费，下岗工人每人每年 750 元或500 元的生活费用，由国家水务局负担，实行银行代发至今。2008 年 4月 6 日，淮阳县信访案件会议纪要（淮信领〔2008〕5 号文），让淮阳县水利工程公司困难职工加入城镇低保，现已办理。② 县劳动争议仲裁委员会与县政府对于水利工程公司的资质认定产生了明确的分歧，无法适用与退休金给付相关的一般法律例如《劳动法》《劳动争议调解仲裁法》等进行解决，而县政府虽然指出水利工程公司应当给付退休金，并且让困难职工加入城镇低保，但是这并没有从实质上解决 8 年未发放以及未来的退休金给付何时能够发放的问题。由于专门法律的缺失，一般法律的调整对象难以全面覆盖各种退休金给付纠纷的客体，终将导致退休金受领者的权利无法得到保障，而行政手段的调整只能是针对个案，不具有普遍性。《劳动保险条例》颁行之后，个人不用缴费，完全由企业负担"劳动保险金"，这种单位保险的模式给企业职工带了较大的利益。《关于建立统一的企业职工基本养老保险制度的决定》以及其后的一系列规范性文件力图建立起社会统筹与个人账户相结合、权利与义务相对应的基本养老保险体系，以保障离退休人员的基本生活。但是，同样地，统账结合并没有完全实现该制度创立的初衷，设计本身存在缺

---

① 淮阳水利局 8 年不发退休金，政府部门相互推诿，2008 年 11 月 2 日，大河网（http：//www. dahe. cn/xwzx/wmjzbdt/news/t20081102_ 1417958. htm.）。

② 淮阳退休金事件续 困难职工已加入城镇低保，2008 年 11 月 4 日，大河网（http：//www. dahe. cn/xwzx/bwzg/t20081104_ 1419671. htm.）

陷、人口老龄化加剧、金融市场不够稳定等多种因素造成了企业职工的退休金给付远低于公务员、事业单位职工的现状。

建立退休金给付的专门性法律，将结束我国相关立法层次偏低、立法体系散乱缺乏系统性以及多个规范性文件或有冲突等现状。但是，建立专门性立法，并非原有立法条文的简单合并，而应当结合近年来改革中不断调整或者悬而未决的问题进行总体评估考量。退休金给付法律应当确定退休金给付体系的模式选择、职工享有退休金给付的权利基础、企业的缴费义务、退休金给付基金的管理与执行、法律责任与企业的税优条款与职工的退休金给付税率规定等。一部法律的出台往往是多方利益博弈的结果，但是立法的基本原则将会决定该法追求的价值取向。是将企业职工视为弱势群体进行倾斜性保护，还是将其与企业置于平等关系中进行调整？退休金给付法是退休法律制度的重要组成部分，故而也是属于保护社会利益的社会法体系，所以立法中应当遵循倾斜性保护原则。立法模式的选择必须结合本国退休金给付的体系。目前世界各国公共部门雇员（公务员、事业单位工作人员）与私营部门雇员（企业职工）退休金给付的立法模式不尽相同：有分别立法模式，如德国颁布了《公务员退休金法》（2001 年）与《企业退休金法》（2004 年）；也有不区分主体的合并立法模式如智利《退休金法》（1981 年）；还有把分别立法改为合并立法的模式，如日本颁布了新《厚生年金保险法》（1954 年）与新《公务员共济年金法》（1984），之后在 2007年通过了《被雇佣者年金一元化法》，希望能统一退休金给付体系。① 我国公务员、事业单位工作人员和企业职工的退休金给付体系具有差异性，所以将公务员、事业单位工作人员的退休金给付与企业职工退休金给付分别立法有待深入探讨。

二 保障新旧退休金制度的有效衔接及融贯

"从地方试点到逐步推广"作为退休金给付重要的改革方式之一，并非尽善尽美。事实上，这种"摸着石头过河"的特点，只能看作政府和

---

① 「社会保障・税一体改革成案」における年金改革のポイントと評価，日本総研，2011 - 09 - 15，www. jri. co. jp/file/report/policy/pdf/5654. pdf. 该法案于 2009 年被废止。

地方达成了一个不完全契约①：地方进行改革试验，如果成功则在事后得到政府肯定，并且其经验作为正式的政策或制度推广到全国，然后中央和地方分享改革成功的收益；如果失败，则地方自己承担风险。改革契约是不完全的，事前无法清晰地界定中央和地方的权利和义务，也无法定义改革试验的性质。② 在地方试点中，既得利益的享有者或许就要面临利益减少并且付出更高成本的代价。这种改革即使在试点区域成功，那么能否在全国范围具有普适性仍需要检验。渐进式的改革方式除了行政手段保证实施，更为重要的是应当制定立法，由法律规定改革的方式方法、风险分担、成本转化、试点成败的奖惩责任等敏感问题，赋予试点地方应当享有的权利，增加改革的动力。

我国退休金给付体系的创立与改革，构建了新旧制度，也导致了二者的过渡阶段产生了大量的转换成本费用问题。当然，一个国家不用退休基金解决所有遗留的隐形债务就如同一个国家不必付清全部的国债，很多情况下，偿还隐形债务往往是不得已而为之的选择。但是如果这种巨大的债务压力不能得到有效的缓解，一旦爆发就会触及社会稳定的底线。最有效的解决办法在于履行旧制度时期的承诺，继续给付退休金于已经退休的"老人"以及按照积累增加的收益，当现在的"新人"退休之时给付其退休金，并同时还要兼顾"中人"的退休金给付。当改革发生时，这是解决旧制度遗留义务最为行之有效的办法。履行这些义务既可以通过国内退休金给付体系，也可以通过外部帮助或者两者兼而有之的方式进行。波兰与玻利维亚通过出售公共资产得以创建了社保信托基金。智利在 1981 年

---

① 不完全契约（incomplete contract），即各个利益主体无法预料到未来的各种情况，并且在或然事件发生前以可证实的方式写出一个完美的改革实施计划。各个利益主体只能走一步看一步，等情况明晰之后再进行谈判和利益分配。不完全契约理论（incomplete contracting theory）主要来源于哈佛大学奥利弗·哈特关于企业最优产权安排的开创性论著，因此又称企业的产权理论。不完全契约理论的逻辑是，由于当事人的有限理性或者缔结契约的高昂交易费用，当事人不能预见到未来所有可能的情况并且以没有争议的语言写入契约，或者缺乏一个公正的第三方来执行契约的关键条款，因此双方达成的契约是不完全的。在这种情况下，当事人先进行专用性投资，待未来的自然状况清楚之后进行再谈判。由于当事人的机会主义行为，这会导致事后对关系内准租金的敲竹杠现象，从而导致当事人事前的关系专用性投资的激励扭曲。因此，应该通过最优的产权安排或者契约形式的设计来最小化交易费用。参见聂辉华《对中国深层次改革的思考：不完全契约的视角》，《国家经济评论》2011 年第 1 期。

② 参见聂辉华《中国改革：从摸石头过河到架桥过河》，《炎黄春秋》2011 年第 11 期。

实施的《退休金法》中规定政府向旧制度转入新制度的个人发行认购债券，通过总体税收支付债券，因此遗留债务转移到了纳税人身上。[1] 解决我国这部分社会统筹的成本费用从理论上来说可以有多种方法，比如将其视为市场经济转型成本的一部分，对于国发〔1997〕26 号法规性文件实施前已经离退休的"老人"的退休金的成本费用应当从新退休金给付体系分离出来，以较低的现行成本由财政部完全负担。[2] 现实中，政府主要采取了在资本市场转换国有资产这一办法来解决遗留的隐性债务问题。从2001 年 6 月 12 日国务院正式发布法规性文件《关于减持国有股筹集社会保障资金管理暂行办法》（国发〔2001〕22 号）开始，政府颁行了若干部规范性文件的方式，始终致力于通过国有股减持来筹集社保资金解决遗留的隐性债务问题。7 月 24 日，烽火通信科技股份公司、广西北生药业（已退市）、安徽江淮汽车股份有限公司、华纺股份有限公司等上市公司将10% 的国有股存量发行。10 月 22 日，证监会紧急暂停国发〔2001〕22号文件第五条关于"国家拥有股份的股份有限公司向公共投资者首次发行和增发股票时，均应按融资额的 10% 出售国有股"的规定，宣布暂停在新股首发和增发中执行国有股减持政策。2002 年 6 月 24 日，国务院发出通知，停止通过国内证券市场减持国有股。2003 年《中共中央关于完善社会主义市场经济体制若干问题的决定》提出"采取多种方式包括依法划转部分国有资产充实社会保障基金"。2004 年国务院发布法规性文件《国务院关于推进资本市场改革开放和稳定发展的若干意见》（《国九条》），提出应"积极稳妥解决股权分置问题"。2006 年全国社会保障基金理事会发布《全国社会保障基金境外投资管理暂行规定》，该部门规范性文件规定"全国社保基金投资境外的资金来源为以外汇形式上缴的境外国有股减持所得。全国社保基金境外投资的比例，按成本计算，不得超过全国社保基金总资产的20%。" 2009 年财政部、国资委、证监会和全国

---

① Nicholas Barr, Peter Diamond, *Reforming Pensions: Principles and Policy Choices* , New York: Oxford University Press, 2008, p. 274.

② 其他解决隐形债务的办法，如发行长期国家债券等，在我国目前人口老龄化不断加剧的背景下，很有可能会发生隐性债务转为显性债务直至演变为经济危机的情况。转变国有资产有多种形式，但是情况比较复杂，例如，国有企业股份制改造过程中资产价值被低估造成了国有资产的流失，破产企业清欠社保债务也造成了国有资产流失。本文此处主要研究的是资本市场上国有股转化的法律保障问题。

社保基金理事会联合颁行《境内证券市场转持部分国有股充实全国社会保障基金实施办法》（财企〔2009〕94 号），该部门规范性文件规定"股权分置改革新老划断后，凡在境内证券市场首次公开发行股票并上市的含国有股的股份有限公司，除国务院另有规定的，均须按首次公开发行时实际发行股份数量的 10%，将股份有限公司部分国有股转由社保基金会持有，国有股东持股数量少于应转持股份数量的，按实际持股数量转持。"

　　一个法治社会中的法律运作并不只靠法律，而总要靠其他一系列因素，包括信用、商誉和习俗。[①] 而法律本身更加需要"信用"。国发〔2001〕22 号法规性文件在经历了 2001 年 10 月 19 日沪指猛跌至 1514 点、50 多只股票跌停[②]的信用危机之后，颁行了四个多月就被暂停，遭遇了股市和自身的双重"信用危机"，导致资本市场的秩序更加混乱，法律的强制力与适用性均遭到了质疑。从以失败告终的国发〔2001〕22 号文件到已经实行了两年多的财企〔2009〕94 号文件，似乎是社会生活的外部条件变化促生了新的法律，而决定性的因素是新的行为路线，它会导致现有法律规则的变化，或新的法律规则的产生。[③] 政府与全国社保基金都参与了这一转变的过程。政府旨在偿还隐性债务，全国社保基金意在充实社保基金，二者皆重视国有股转持的行为，也希望根据股权分置改革、A 股 IPO 即将重启这些外部条件的发生来保护自己的利益，当然，两方主体通过法律规则的相继出台最终达成了目标。八年的时间里，立法技术上有了一定的提高，使得法律的适用性逐渐增强。从"减持"到"转持"的改变，即社保基金理事会从将非流通股变为流通股进入二级市场到直接持有企业上市减持 10% 的股权，使得全国社保基金作为国有股的长期持有人，在一定程度上可以减少国家预算中的对于退休金给付进行财政补贴的数额，并且完善退休金给付体系的财务平衡状况，同时较大地充实了社保基金，增加了政府与法律本身的双重信用。截至 2014 年年末，财政性拨入全国社保基金资金和股份累计 6572.98 亿元，其中：中央财政预算拨款

---

　　① 苏力：《制度是如何形成的》，北京大学出版社 2007 年增订版，第 76 页。

　　② 新华网综合：《证券市场 20 年大事记》，2011 年 5 月 28 日，新华网（http://news.xin-huanet.com/fortune/2010 - 05/28/c_ 12152793_ 5. htm）。

　　③ ［德］马克斯·韦伯：《论经济与社会中的法律》，张乃根译，中国大百科全书出版社 1998 年版，第 67 页。

2498.36亿元，国有股减转持资金和股份2384.11亿元。① 但是，当政府依法逐步实现了将小部分国有股由全国社保基金转持，社保基金也如愿充实了账户以后，应当认识到基本养老保险基金的所有权"既不属于劳动保障部门，也不属于财政部门，而是属于广大参保者。"② 在法律保障退休金给付新旧制度衔接的过程中，一直以来强调科学、透明、有效地监管基金更加凸显其重要性。

三　分配公平视野下退休金"双轨制"之批判

分配的公平性是法律始终追求的价值取向之一，也是经济发展中至关重要的一环。公平，严格意义上来说，是指从数学角度分配请求权，抽象的公平要求将按比例的分配请求权视为分配正义的主要原则；公平不应当被认为是尊重人们的偏好，但是公平应当是正义的手段，而不能简单地成为社会福利；公平也不是平均主义，程序上的公平是公平的主要体现。③判断公平分配的标准在于提供退休金收入的方式，当然也要依赖于道德价值与退休金历史的变迁。分配的公平性体现为两个方面，代内的公平与代际的公平。代内公平是指同一代人对于资源的公平分配，代际公平是指不同代之间的分配。退休金给付最重要的目标是为退休者提供足够的退休金来维持生活，因此这个体系应当是可持续发展的，如果不能最大限度地实现代内与代际的公平，与二者紧密相连的财政体系终将崩溃，退休者无法真正享有退休金给付的权利。代内公平（前文已经阐述过代际公平）可以从横向公平与纵向公平两个角度来分析。这种公平是相对的，而非绝对的，公平并非意味着绝对的平等。横向公平要求在相似环境里的个人享受相似的待遇。一般而言，这一概念在较多情况下使用在所得税上，针对退休金给付的横向公平即缴付了相同基本养老保险费的劳动者在同样正常退休后应当受领相同的退休金给付。横向公平是为了确保退休者不因民族、

---

① 全国社会保障基金理事会：《全国社会保障基金理事会基金年度报告（2014年度）》，2015年5月29日，全国社会保障基金理事会网站（http://www.ssf.gov.cn/cwsj/ndbg/201505/t20150528_6578.html）。

② 《两部携手管好"活命钱"——财政部、劳动保障部二司长答本刊记者问》，《中国社会保险》1999年第8期。

③ Nicholas Rescher, *Fairness*: *Theory & Practice of Distributive Justice*, Transaction Publishers, 2002, p. 1.

种族、性别、工作类型等因素受到歧视。纵向公平则显示出收入再分配是
社会连带的表现方式之一，这种代内纵向再分配是从工资收入越高、缴费
越高者向收入低、缴费少者实施，目的在于为后者提供比实际体系更多的
退休金给付。横向公平与纵向公平是紧密相连的。横向公平的程度对于在
市场经济中为个人努力设定激励机制是十分重要的；另外，如果市场根据
社会评价来激励所有主体活动的行为没有成功，那么市场会要求根据纵向
公平进行收入再分配。① 在我国，退休金给付"双轨制"改革之前，主要
就是涉及代内分配公平的问题。公务员、事业单位工作人员不缴纳基本养
老保险费，但是退休时可以受领替代率高达 90% 以上的退休金给付，而
企业职工缴纳基本养老保险费，替代率却低于缴纳的比例。企业职工养老
金和公务员退休金的待遇差源于不同时期和不同社会背景下的制度设计：
企业职工养老金是社会互济的结果，公务员退休金是个人年功的积累。②
为了解除这种退休金给付"双轨制"问题，学者们提出了建立公务员基
本养老保险制度、降低公务员退休金给付标准、发展企业年金等措施。

公共部门雇员与私营部门雇员在退休金给付上存在差距，事实上是许
多国家都会面临的问题，而减轻财政负担、消除公务员退休金给付特权化、
实现公私部门雇员的退休金给付标准化、统一化，也是国家进行退休金改
革希望达到的目标。属于俾斯麦式退休金给付体系的国家如德国不得不面
临去解决退休金给付体系碎片化的问题，特别是公共部门雇员退休金给付
特权化的情形。尽管经历了较长的转换期间，但是意大利的改革最为成功。
德、意两国通过立法使得私营部门与公共部门雇员的退休金给付规则基本
上协调一致。但是德国并没有为了统一公私部门的退休金给付规则做出更
大的努力，虽然全国退休金的削减也适用于公务员退休金给付体系，并且
公私两部门削减的比例大致相同，但是仍然没有动摇公务员退休金的特权
地位。德国为了消除来源于公务员退休金体系的巨额成本导致的财政负担，
建立了比较柔和的公共储备基金。德国与意大利在雇员自愿的前提下，通
过国家补助和税收优惠，鼓励私人或者职业退休金计划的发展，在推动补
充老年退休金给付方面迈出了具有实质意义的步伐。法国公私部门雇员之

---

① Birgit Mattil, *Pension Systems: Sustainability and Distributional Effects in Germany and the U-nited Kingdom*, Heidelberg: Physica-Verlag HD, 2006, p. 13.

② 杨燕绥、胡乃军：《财政支出比较视角下公务员退休金制度设计》，《公共管理学报》
2010 年第 2 期。

间也存在退休金给付的差距，事实上，随着试图改革公共部门退休金给付体系的失败，这种差距较之从前反而拉大。① 在美国，公共部门雇员的退休金给付明显要比私营部门退休金给付慷慨得多，以退休金给付处于中等水平者为例，前者年均退休金为 15600 美元，是后者 6720 美元的 230%。② 2007 年 4 月，日本通过了《被雇佣者年金一元化法》，该法案具体涉及以下方面的改革：从 2010 年 4 月 1 日起，公务员及私立学校教职员统一适用厚生年金保险制度；将共济年金的保险费率上调，与厚生年金的保险费率相统一；废除共济年金的遗属年金、职域年金和转移支付制度等多项内容。这种针对将共济年金"就低不就高"适用厚生年金的做法，表明了政府要统一年金制度、消除年金给付差别的坚决态度，而降低公务员待遇（共济年金组合待遇整体降低）的方式方法，也可以缓解政府的财政压力，增强国民对于未来领取退休金的信任感。③ 但是很难从根本上解决共济年金的既得权问题以及在保险金额的统一和追加费用的消减等方面没有真的达到一体化等多重原因，该法案最终于 2009 年被废止。

在这些成败不一的先例当中，可以看到公务员的工作风险大、承担责任较高，给予较高的退休金给付也似有"高薪养廉"之用意。如果希望通过削减公务员退休金的方法来减少公私部门雇员在退休金给付上的差距，减轻财政负担，势必造成消极的社会影响，甚至阻滞改革的进行。如果通过税收优惠等方式推行企业年金或者其他补充性退休金给付可能是比较缓和又能引起积极效果的改革方式。就我国目前而言，截至 2014 年年底，全国有 7.33 万户企业建立了企业年金，参加职工人数为 2293 万人，而相比之下，全国参加基本养老保险人数为 84232 万人。④ 在我国仍然以基本养老保险制度为主的框架之下，企业年金面临着遥远而艰辛的发展之路。应当清醒地认识到，公务员退休金给付与企业职工退休金给付的差距

① Martin Schludi, *The Reform of Bismarckian Pension Systems: A Comparison of Pension Politics in Austria, France, Germany, Italy and Sweden*, Amsterdam: Amsterdam University Press, 2005, p. 55.

② Martin Neil Baily, Jacob Funk Kirkegaard, *US Pension Reform: Lessons from Other Countries*, Washington, D. C.: Peterson Institute for International Economics, 2009, p. 177.

③ 张凌竹：《日本公务员与私营部门雇员退休金待遇差距之成因分析》，《东疆学刊》2011 年第 4 期。

④ 人力资源和社会保障部：《2014 年度人力资源和社会保障事业发展统计公报》，2015 年 5 月 28 日，人力资源和社会保障部网站（http://www.mohrss.gov.cn/SYrlzyhshbzb/dongtaixinwen/buneiyaowen/201505/t20150528_162040.htm）。

并非短期内形成，也并非短期内可以解决，即使依法推行柔性改革措施，转换的时间也必将漫长，这种差距在未来将长期存在。2014 年《事业单位人事管理条例》改革的目标是事业单位工作人员的退休金给付体系采用企业职工的统账结合筹集模式，最终实现事业单位工作人员与企业职工退休金给付体系的统一。有些国家事业单位工作人员受领退休金也与企业职工一样，须参加退休金计划。比如在美国，只有印第安纳州与堪萨斯州允许事业单位工作人员享受"恩惠式"退休金给付，这种给付不是既得权利，州政府可以随时修订或者调整的，因此几乎所有的州已将其废除，转而创建其他更能有效保护事业单位工作人员的退休金计划。目前美国大部分州的事业单位退休金给付体系都具有契约的性质，一些州有专门的宪法条款规定州政府与事业单位工作人员可以就退休金计划订立契约，还有一些州法院已经明确通过相关事实与情况订立契约的立法意图。一旦退休金计划具有了契约的性质，相应则可以建立契约的损害赔偿体系。州政府推行订立契约的同时，还保留修订契约的权力。[1]

2011 年中共中央国务院《关于分类推进事业单位改革的指导意见》（中发〔2011〕5 号）规定，事业单位工作人员基本养老保险实行社会统筹和个人共同负担，个人缴费全部记入个人账户。基本养老保险基金单独建账，实行省级统筹，基本养老金实行社会化发放。实行"老人老办法、新人新制度、中人逐步过渡"，对改革前参加工作、改革后退休的人员，妥善保证其养老待遇水平平稳过渡、合理衔接，保持国家规定的待遇水平不降低。建立事业单位工作人员职业年金制度。统筹考虑企业、事业单位、机关离退休人员养老待遇水平。从退休金给付的财政支付转为统账结合，可以说这是国家解决退休金给付"双轨制"的有力尝试。退休金"双轨制"涉及分配公平的问题。确保请求权能够按比例得以分配是公平的指导原则。公平由两部分组成：即结果充足与过程适合。设想一下，如果能从产品中将生产过程分离出来，并且分别指出公平的份额以及通过分配程序的公平性明确其具体到达了哪一阶段，将会十分完美。但是事实上，这不大可能会成功，因为生产过程与产品之间具有内在的联系。一般情况下，我们不能从结果公平中分离出程序公平。当与公平有关之时，有

---

[1]　Amy B. Monahan, "Public Pension Plan Reform: The Legal Framework", *Education Finance and Policy*, Vol. 5, No. 4, 2010, pp. 622, 625 - 626.

时候生产过程甚至优于产品，我们应当意识到公平不仅处于分配本身这一层面上，而且也处于分配程序的层面上。国家选择事业单位改革作为解决退休金给付"双轨制"的方法之一，但是并没有触动公务员的退休金给付体系，也没有改革企业职工的退休金体系，这种选择并不是随机性的。但是，随机选择对于公平来说至关重要，因为随机性为了将要到来的结果会排除所有不适合的原因，而直接确定必将减少公平性的产生，这一确定结果势必会受到一些阻滞原因的羁绊。缺乏公平性的随机选择，已经构成了被选择主体对于程序公平的质疑。而程序与结果存在紧密不可分割的内在联系，不论结果如何，如果没有基本原则统一庇佑下的公平程序，公平本身也将不存在。也许对于改革者而言，此种选择只是众多方式方法中的一种，最为重要的是如何推进具体的柔性措施，但是若能以分配公平为基本的价值取向，才有可能促使改革进行得更加顺利。

第六章

制度构造之三：退休权的法律救济

退休权作为社会权体系的组成部分之一，其实现的理想目标是能够维持甚至超过退休者在退休之前的生活水平。故而，退休权的保障也遇到了与社会权同样的问题：如果作为义务主体的国家没有积极作为，如何真正实现对该权利的救济？在研究法律救济的过程中，退休权作为一种概念必然会沿袭并适用对属于概念社会权的比较方法与分析结论，前者不能脱离后者而单独存在。进一步说，社会权法律救济的发展深深影响了退休权法律救济的变化，因此在接下来的论述中，考察社会权的法律救济无疑就是考察退休权的法律救济模式。如前所述，我国宪法赋予企业、事业组织的职工和国家机关工作人员享有退休权，而国家和社会要履行保障退休人员的生活、发展为公民享受该权利所需要的社会保险等义务。然而我国现在对于退休权的法律救济存在现实困惑，比如退休权可诉性有待立法确认、退休金给付请求权司法救济存有障碍等，因此退休权法律救济的变革已经成为有效实现退休权的重要议题。对此，立法上首先必须肯定退休权的可诉性，并充实退休金给付请求权的实体内容，从行政保障与司法救济两方面完善退休权的保障与救济机制。

第一节　退休权法律救济的立法模式

任何规范体系的最终效果都是必须依赖执行才得以体现，换言之，任何规范影响行为的方式与程度都依赖受到侵犯时产生的结果，而结果的执行需要一个决定为依据，这个决定就是该规范已经受到侵犯。① 这样的决定通常需要根据在特定事实结果中某项规范的可行性与意义的解释，退休

---

① Peter K. Stris, Victor A. O'Connell, "ENFORCING ERISA", *South Dakota Law Review*, Vol. 56, No. 3, 2011.

立法亦然。评价退休立法之效果的一个很重要的方面在于退休权受到侵犯时如何实施法律救济。虽然对于退休者而言，退休立法是复杂的，但是只有理解了该法律的权利基础以及救济方式才能更好地保护自身的权利。各国的退休权法律救济模式与退休金给付请求权的救济方式各有特点，比较研究其立法模式，或许会对解决我国现实中的困惑有所启发。

一　退休权的宪政救济模式

南非赛得利法官指出："没有救济的权利也就没有价值可言。比如当其他人阻碍自由言论权实现的时候，如果缺少了法律救济的方法，那么即使占有该权利也没有意义。"[①] 根据各国宪法是否明确规定退休权及其法律救济，可将其法律救济模式划分为明确规定实体权利的救济模式与未明确规定实体权利的救济模式两大类。

（一）明确规定实体权利的救济模式

有些国家的宪法明确规定了包括退休权在内的大量的社会权利，同时也赋予其可诉性，并设有宪法法院，保障了退休权等社会权利的实现。例如，1996 年南非宪法受到了《经济、社会、文化权利国际公约》的较大影响，明确规定的涉及劳动关系、财产、住房、医疗、社会保障、教育等经济、社会权利[②]都与公约相同。社会保障包括社会保险与社会救助，其中社会保险条款规定了对于退休、失业与工伤等情形的保护，以帮助劳动

---

① Geoff Budlender, "Access to Courts", *South African Law Journal*, Vol. 121, 2004, p. 345.

② 夏正林学者在《社会权规范研究》一书中指出，对社会权的研究主要有两种定义方法。第一种是依据对文本（包括国际人权公约和国内宪法文本）所确定的事实进行归类来定义社会权。如根据两个人权公约，即《公民和政治权利国际公约》和《经济、社会和文化权利国际公约》，将人权分为公民和政治权利、经济、社会和文化权利。第二种定义是依据权利规范本身所包含的价值理念对权利进行概括，学理上，一般将基本权利分为自由权和社会权。社会权主要体现了要求国家实体性积极作为的价值需求。这两种概念之间存在一定的联系。一般认为只有在社会、经济和文化方面的权利中才包含对国家的实体性的积极作为的需求，因此，社会权能够形成一个权利群——社会、经济和文化权利。其实，对社会权一般性的研究都是从第二种定义出发的，也只有根据第二种定义才会有对社会权的性质、可诉性的争议。参见夏正林《社会权规范研究》，山东人民出版社 2007 年版，第 58—62 页。某些文献在使用概念过程中并未区分社会权、基本社会权与经济、社会权利等概念，出现混用的情况较多，本文尊重原始文献，但是支持并在行文中使用了第二种定义方法。

者抵御社会风险。① 宪法法院确认了经济、社会权利的可诉性，合理性审查作为评价国家义务的方法得到进一步发展，也提高了在国内与国际竞争过程中经济、社会权利的地位。② 而且，南非宪法法院能够提出公共政策问题，为政府就实现社会权/退休权而提供实践性指引。与之相比，一些国家如意大利、希腊、西班牙、葡萄牙等国的宪法亦明确规定了包括退休权在内的大量的社会权，力图覆盖到社会的每个角落，为公民提供广泛性的保护。宪法中通常会使用"每个人都应具有……的权利"等语句，竭力体现出社会权是每个公民个体享有的基本权利。但是事实上，这些权利难以通过宪法实现，几乎都是不可诉的。法院也不能要求国家履行义务。③ 例如西班牙宪法规定社会权分为三类：第一类是基本社会权，如教育权、结社权与罢工权，这些权利具有可诉性，但在诉诸宪法法院之前须保证用尽其他合法救济手段。第二类是具有一定宪法性质的社会权，如工作权，集体协商权，采用集体合同争议措施权，这些都是不可诉的基本权利。第三类是具有法律外形的社会权，如社会保障权、接受继续教育与培训权、保护儿童权、保障老年人的健康、住房、文化与休闲的权利等。制宪者认为不是所有的社会权利都是主观权利，只有表达了自由（如集体劳动权）的权利才是主观权利，第三类权利只能作为法律原则而不是法律保护的权利。④

（二）未明确规定实体权利的救济模式

美国、英国、匈牙利等国的宪法中没有规定社会权，这些国家一般倾向采用市场导向来解决相应问题，主要是经济与社会的发展难以满足特定的社会权需求，因此通常由一般法律来保障社会权，但如果涉及法定程序与平等权问题，也有可能适用宪法。以美国为例，社会权并非宪法性权利，所以相应地，社会权的义务主体亦不是国家，社会权的法律救济方式

① Kitty Malherbe, Lorenzo Wakefield, "The effect of women's care-giving role on their social security rights", *Law*, *Democracy & Development*, Vol. 13, No. 2, 2009, p. 47.

② Christopher Mbazira, *Litigating Socio-Economic Rights In South Africa*: *A choice between corrective and distributive justice*, Pretoria: Pretoria University Law Press, 2009, pp. 54 – 55.

③ Mark Eric BUTT, Julia KÜBERT, Christiane Anne Schultz, "Fundamental Social Rights In Europe", *Social Affairs Series*, Vol. 2, 2002, p. 32.

④ "Diversity of Social Rights in Europe (s): Right of the Poor, Poor rights", *EUI Working Papers*, Vol. 7, 2010, pp. 7 – 8.

相对来说似乎较弱。当然，以较弱的法律救济也许不能起到保护的作用，但是也不可能产生政治上的强烈反对；而较强的法律救济也许短期内运作良好，然而却会引起强烈的政治争议。弱救济与较弱的权利相配套，也许通过法院的裁决能够赋予权利以强权或者弱权的质感，强权或许能产生不同的政治请求，至少，强权案件可以要求由弱法院来审理、执行。① 在美国，承担公民宪法权利救济的法院是普通法院，这种救济将抽象审查和权力保障合二为一，只针对个案进行且被动启动审理程序。② 虽然具有对于宪法权利救济的违宪审查制度，但是美国的社会权并没有纳入宪法保护，所以社会权的保护也无法适用违宪审查制度。而法院可以根据美国宪法第14条修正案规定的正当程序权和法律的平等保护权来保护社会权③。还有一些国家的宪法规定社会权/退休权是将自由趋向与权利界定结合起来，表现为个体权利、国家义务或是政策性条款等。制宪者虽然异常谨慎，然而在市场经济条件下能够产生影响的机会非常有限，尤其是社会权难以有效地运行。因此，大部分国家在宪法中都规定了社会权，至少作为一项政策性条款，促使政府有义务去刺激劳动力市场的发展。德国是这一模式的典型代表。但是作为基本法的德国宪法还具有自身的特质。德国宪法在第一章就规定了基本权利，但是几乎没有涉及社会权④。一方面，严格区分自由权与社会权似乎不再具有特殊的意义，毕竟二者关系紧密，共同构成了基本权利体系。缺乏社会基础的自由与平等权不存在实质意义；即使宪法没有明确规定保障社会权，对于自由权的解读也应当从社会视角进行，否则自由权会面临丧失既有功能的风险。另一方面，制宪者希望避免出现社会权随着经济与社会条件的变化而需要不断调整的情况。⑤ 德国宪法是重新解释基本权利的典型范例，基本权利不再主要从形式上保护自由与平等，而是体现为以实质方式进行保护——涵盖了社会权。宪法法院是宪法

---

① Mark Tushnet, *Weak Courts*, *Strong Rights*: *Judicial Review and Social Welfare Rights in Comparative Constitutional Law*, Princeton: Princeton University Press, 2009, pp. 250 – 251.

② 韩大元:《比较宪法学》, 高等教育出版社 2003 年版, 第 221 页。

③ 龚向和:《通过司法实现宪法社会权——对各国宪法判例的透视》,《法商研究》2005 年第 4 期。

④ 1949 年德国基本法只有第 6 条第 4 款规定母亲有权保护与照顾孩子。

⑤ Luis María Díez-Picazo, Marie-Claire Ponthoreau, " The constitutional protection of social rights: some comparative remarks", *European University Institute*: *EUI working paper law*, Vol. 20, 1991, p. 18.

的捍卫者，在发展与加强基本权利保护等方面起到了极大的推动作用，但是它的干预也仅限于基本权利产生的影响引起了极具争议的情况。

二　退休金给付请求权的法律救济模式

退休权的可诉性尚存在争议，但是作为退休权核心的退休金给付请求权，其法律救济模式已然成型。退休金给付请求权的争议一般归属于劳动争议，可根据劳动争议解决机制进行处理，包括调解、仲裁、诉讼等具体方式；而退休金给付由专门的退休金给付法以及税法进行调整，所以在解决争议的过程中还需适用相关法律的具体规定。美国模式与德国模式作为典型代表，具备了成熟的退休金给付请求权之法律救济体系。

（一）美国模式

美国企业退休金给付是雇主与雇员在劳动合同中进行的约定，所以退休金给付请求权的纠纷属于劳动争议的范畴。在美国，劳动争议大体上分为利益争议和权利争议两类，一般来说，可以通过行政保障与司法救济途径解决。利益争议主要表现为集体合同争议，美国的劳动争议解决机制主要是针对集体劳动合同利益争议而建立，而劳动争议解决机制一般分为官方与非官方解决机制，国家劳动关系委员会是官方解决机制中的主体，涉及诉讼方式处理纠纷；联邦调解服务机构和美国仲裁协会是非官方解决机制中的重要主体，主要通过调解、仲裁的方式解决争议。1947 年美国通过了塔夫特—哈特利（Taft-Hartley）法案，原来的美国调解服务机构不再作为劳动部的机构，而是成为了具有独立性的"联邦调解服务机构"（FMCS），该机构对于除了铁路和航空以外所有涉及贸易的劳资纠纷都有潜在的管辖权［铁路和航空的劳资纠纷由国家调解委员会受理（NMB）］。此种调解不涉及法定的劳动权，自然也不涉及退休权。当双方谈判陷入僵局，可主动寻求联邦调解服务机构介入，而且双方达成的任何协议都可由法院强制执行。当涉及重新订立或者重新协商集体合同之时，国家劳动关系委员会要求企业处理其他事务之前，须首先将此意图报联邦调解服务机构备案。联邦调解服务机构为了便于争议当事人之间的交流与沟通而设立了劳动调解员，联邦调解服务机构认为当争议当事人接受调解员并主动寻求帮助的时候，调解的效果才能较好，所以规定除了健康医疗领域与国家紧急争议情形是强制调解以外，一般不会强迫当事人必须向其申请调解。1973 年开始，联邦调解服务机构也涉及对于政府雇员集体合同争议的调解。① 美国 1935 年颁行的《国家劳动关系法》(National Labor Relations Act, NLRA) 将劳动仲裁作为一项解决有关集体合同条文争端的首选国家政策。劳动仲裁机构是一个独立于政府的机构，不受政府干预。除了由双方在其集体合同中预先必须规定的条件外，劳动仲裁并无其他的先决要求。但如果双方选择指定的仲裁机构并从中挑选指定的仲裁员，那么仲裁员将受特定行为规范和程序的约束。② 针对私营企业在解释和应用集体合同过程中产生劳资纠纷，仲裁是能够获得终局并具有约束力裁决的最普遍的方法。20 世纪早期，仲裁已经成为解决争议的普遍模式。二战期间，战争劳动委员会积极鼓励仲裁规则的统一，到战争结束时，仲裁已经成为集体合同中的正式条款。政府部门的集体合同正式规定了申诉仲裁，除了在联邦政府部门，申诉仲裁不具有终局性，而且要受到联邦劳动关系权力机关（FLRA）的审查，一般涉及州与地方政府雇员，仲裁具有终局性的约束力，但是加利福尼亚州除外。③ 对于某些涉及法定劳动权与民生领域的劳动争议，政府直接干预，由政府设置的仲裁机构实行强制仲裁。但是，也有观点认为，在雇佣争议中的强制仲裁对于雇员来说是不公平的。因为雇主一方拥有更大的谈判能力，而且如果仲裁协议符合某些防止程序或是内容不正当性的要求，法院通常会拒绝讨论并支持雇主要求强制性仲裁。另外，强制性雇佣仲裁与退休金给付、经济补偿金、竞业禁止等其他方面是一样的，即雇员很少涉及，而雇主提交给雇员时则无协商的余地。④

权利争议主要是指对于既存权利的执行、解释造成侵犯而引起的争议，如退休金等问题，其法律基础是根据法律法规、集体合同、劳动合同的约定，由普通法院主要通过民事诉讼程序进行审理。⑤《雇员退休收入保障法》将雇主为雇员建立的退休金计划分为两种：福利型企业年金计

① Goldman, *Labour Law in the USA*, 3rd Edition Revised, Alphen Den Rijn: Kluwer Law International, 2011, pp. 464 – 465.

② 林晓云：《美国劳动关系雇佣法》，法律出版社 2007 年版，第 169—170 页。

③ Goldman, *Labour Law in the USA*, 3rd Edition Revised, Alphen Den Rijn: Kluwer Law International, 2011, p. 480.

④ Charles D. Coleman, "Is Mandatory Employment Arbitration Living Up To Its Expectations? A View From The Employer's Perspective", *ABA J. Lab. & Emp. L*, Vol. 25, 2010.

⑤ 欧阳琼：《美国劳动争议处理制度》，《中国劳动》2006 年第 6 期。

划与退休金计划。该法的重点在于退休金计划。虽然法律没有要求雇主必须为雇员提供退休金计划，但是如果雇主提供了计划，则必须符合法律设定的最低给付标准与要求。① 该法制定的目的在于通过建立管理行为、责任分担与受托人义务的标准与提供适合的救济与制裁措施，防止滥用以及保护雇员和退休金计划中的受益人的利益。所以该法案为雇员及其受益人提供了全面的法律救济体系。根据《雇员退休收入保障法》第502条规定，允许退休金计划参与者按照第409条②规定起诉，包括要求恢复因违反受托人义务导致的损失以及其他有关平等救济等法院认可的救济。但是，在过去的三十多年中，法院发布的大量决定逐渐影响了该法实施的初衷，即违反了保障退休金给付安全的目的。曾经被誉为"退休金权利法案"的《雇员退休收入保障法》已经逐渐褪去了原有的光环。随着数以百万计雇员的经济命运危如累卵，思考法律如何回应现实的时机已经到来。③ 除了《雇员退休收入保障法》以外，如果同时发生了能够产生相同或者更大价值的利益冲突之时，一些州将雇员在退休金体系中享有的契约性质的权利或者既得权利归结为可以在退休金计划中做出适当合理调整的有所保留的立法权力。对于此方法，最普通的实用版本是加州法则。依据该法则，允许政府合理调整州与地方公共退休金，而这些调整应当与退休金给付体系在物质上密切相关而且运行良好。另一个与合理调整有关的是宾夕法尼亚法则。依据该法则，当有必要保护或者加强退休金计划精算的稳定、公正之时，则允许政府对其进行合理调整。这些合理调整不仅包括延迟受领退休金的年龄，增加退休金给付的金额，也包括减少退休金给付的金额，但是为遗属提供遗属给付，还包括降低雇主的缴费率，没有迹象表明降低缴纳率会阻止退休金给付体系的良好运行或者降低退休法律制度的价值。④

① Patrick J. Cihon, James Ottavio Castagnera, "Employment & Labor Law", 7th, *South-Western College/West*, 2010, p. 257.

② Section 502 (a) (2) of ERISA, 29 U. S. C. § 1132 (a) (2), and section 409 of ERISA, 29 U. S. C. § 1109.

③ Peter K. Stris, Victor A. O'Connell, "ENFORCING ERISA", *South Dakota Law Review*, Vol. 56, No. 3, 2011.

④ Laura Dietz, J. D., Rosemary Gregor, J. D., Theresa Leming, J. D., et al, *Pensions and Retirement Funds*, Am. Jur. 2d. MN: Thomson Reuters, 2011, p. 1178.

（二）德国模式

在德国，普通法院根据宪法对于法律进行解释。在劳动法领域，劳动法院履行了这一重要职责。① 一般而言，在欧盟国家，劳动争议分为个人争议与集体争议，而集体争议又可以分为权利争议与利益争议。个人劳动争议的诉讼环节主要包括以下五个方面：一是雇员提出申请。根据《不当解雇保护法》的规定，雇员必须在收到解雇信的三周内提出反对终止雇佣的申请，以避免解雇生效。二是召开调解听证会。《劳动法院法》不提供替代性纠纷解决机制。与美国设立国家劳动关系委员会相比，德国没有设立专门的政府机构处理劳动法上的请求权争议。另外，在德国雇佣或者劳动案件中，也没有具有约束力的仲裁规定，除非在调解委员会介入之前，雇主与劳资协议会之间存在争议。在劳动法院关于雇佣法的审理程序中规定了强制的调解听证会程序，双方当事人可以在经法院审判之前尝试解决争议。在集体合同法程序中，法院都会组织召开调解听证会，意在征询双方当事人是否愿意在裁决之前解决争议，但是调解听证会不是劳动法规定的强制性程序。80%以上涉及终止劳动者雇佣的案件都在法院审理之前得到了解决。三是谈判和解。在不当解雇纠纷中，和解的主要内容是经济补偿金的数额，这个数额是双方当事人自由协商，但是法院可能会根据之前初步考察案件的情形提供建议的数额作为协商的基础。四是召开重要听证会。如果纠纷仍然没有得到解决，主审法官将主持重要听证会来考量案件的各方面情况。五是做出结论。如果案件在调解与重要听证会中都没有得到解决，法院将在听证会结束时发布结论，如雇佣关系继续或者解除雇佣关系、支付经济补偿金等。②

与美国的规定较为类似，集体争议中的权利争议产生于执行、解释法定权利或者在既存集体合同中设立权利的过程之中。而利益争议则相反，主要包括决定权利和义务或者调整既存权利过程中的争议，利益争议一般产生于集体合同不再存在或者处于重新协商的集体争议之中。关于这些争议的解决方式，除了司法救济以外，主要采用调解与仲裁的方式，一般称为替代性争议解决机制。调解主要涉及中立的第三方干预机制，调解员为

① Manfred Weiss, "The Interface Between Constitution And Labor Law In Germany", *Comparative Labor Law Journal*, Vol. 26, No. 2, 2005, p. 183.

② Ibid., pp. 318 - 319.

了便于当事人之间沟通，可以提出解决提案，当事人可以接受也可以拒绝。仲裁也属于中立的第三方干预方式，但是仲裁机构经依法授权可以对案件做出有约束力的裁决。① 《企业退休金法》是德国劳动法的组成部分之一，德国的退休金给付请求权在《企业退休金法》中得以保护。在德国 1974 年《企业退休金法》颁布之前，因为缺少专门性立法，所以退休金给付的相关内容都是由劳动法院根据民法典中合同法的一般条款和条件进行调整。该法通过后，于 2001 年进行了修订，包括不可丧失既得权、责任分担、执行类别、给付调整、破产保护等涉及退休金给付的所有重要事项。在有关企业退休金给付纠纷的案件中，劳动法院体系具有根据《职业年金法》或者《企业退休金法》独立做出裁判的能力，包括争议主体是退休金给付的提供者或者在破产保护领域中的退休金保险协会，只有关于退休金保险协会的强制缴费的争议是由行政法院来解决。② 劳动法院（Arbeitsgericht）是受理劳动争议案件的一审法院。如果当事人上诉，高等劳动法院（Landesarbeitsgericht）将对劳动法院的决定进行复核。③

第二节　我国退休权法律救济的现实困惑

从逻辑上讲，退休权作为社会权的组成部分，其义务主体是国家，国家必须积极作为满足权利的实现，如果国家在保障退休权的过程中消极不作为，就可能涉及违宪。那么在中国，个人是否可以向国家这个特殊的义务主体主张退休权？也就是退休权是否具有可诉性呢？答案似乎是肯定的，因为我国宪法不能直接作为诉讼的依据。同时，退休权的核心体现为退休金给付请求权，但学界却并没有对于该权利进行充分肯定与确认，司法实践救济不力的情形也屡屡发生。显然，厘清以上的现实困惑及其可能走向，将有助于退休权法律救济的完善和变革。

---

① Nicosia, Cyprus. *Collective Dispute Resolution through Conciliation*, *Mediation and Arbitration*: *European and ILO Perspectives*, 2007 – 10 – 18, Geneva：International Labour Office High-Level Tripartite Seminar On The Settlement Of Labour Disputes Through Mediation, Conciliation, Arbitration And Labour Courts, pp. 1 – 2.

② Jens Kirchner, Pascal R. Kremp, Michael Magotsch, *Key Aspects of German Employment and Labour Law*, Berlin Heidelberg：Springer-Verlag, 2010, p. 290.

③ Ibid. , p. 317.

一　退休权可诉性有待立法肯认

法谚有云，有权利必有救济。如果国家没有履行积极的作为义务，那么退休者是否可以通过宪法诉讼进行救济呢？回答这个问题，我们需要首先论证退休权是否具有可诉性，有则可以，无则自然不可能。如前所述，由于各国都把退休权纳入了社会权领域，所以研究退休权的可诉性须以探讨社会权是否具有可诉性为前提。总起来看，各国做法各异：有些国家的退休权可能具有可诉性——表现为个体权利，可直接依法进行司法救济；有些退休权以建立保障为外在表现形式，界定国家为义务对象，同时国家建立司法审查制度，要求所有的权力机构关注退休权的表现行为以及退休权对立法与行政行为产生的影响；有些国家的退休权是以政策条款的形式体现出来，可以由普通法院、特别行政机构或者社会法院依据普通法律而非宪法实现权利。① 其次，需要探讨，如果退休权具有可诉性，那么应当建立何种机制保证其法律救济实现。在承认退休权具有可诉性的情形下，各国一般通过宪法法院或者相关法院利用司法审查制度来执行救济程序。有些国家设置了事前审查机制，有些国家设置了事后审查机制。②

我国宪法没有明确退休权是否具有可诉性；同时因为没有设立司法审查制度，所以即使事实上退休权可能受到侵犯，相关主体也只能依据违宪审查的规定对于涉及违宪的有关退休权的规范性文件提出建议③，不能直接依据宪法提起诉讼，这难免使得退休权因无法获得法律救济而流于形式。在实践生活中，通常是国家机构提出类似的建议，公民个人、社会团体等则基本上没有提过类似的建议。值得欣喜的是，近年来，出现了公民

① Mark Eric BUTT, Julia KÜBERT and Christiane Anne Schultz, "Fundamental Social Rights In Europe", *Social Affairs Series*, Vol. 2, 2002, p. 9.

② Giacomo Di Federico, *The EU Charter of Fundamental Rights: from declaration to binding instrument*, Springer, 2010, p. 202.

③ 我国《立法法》第 99 条第一、二款规定，国务院、中央军事委员会、最高人民法院、最高人民检察院和各省、自治区、直辖市的人民代表大会常务委员会认为行政法规、地方性法规、自治条例和单行条例同宪法或者法律相抵触的，可以向全国人民代表大会常务委员会书面提出进行审查的要求，由常务委员会工作机构分送有关的专门委员会进行审查、提出意见。前款规定以外的其他国家机关和社会团体、企业事业组织以及公民认为行政法规、地方性法规、自治条例和单行条例同宪法或者法律相抵触的，可以向全国人民代表大会常务委员会书面提出进行审查的建议，由常务委员会工作机构进行研究，必要时，送有关的专门委员会进行审查、提出意见。

或者组织提请全国人大常委会进行违宪审查的若干事件。例如，2005 年
河南平顶山争取男女同龄退休的"平等退休权"案的当事人针对国务院
《关于安置老弱病残干部的暂行办法》（国发〔1978〕104 号）第四条第
一款提请全国人大常务委员会进行违宪审查①；2006 年北京大学法学院妇
女法律研究与服务中心就国发〔1978〕104 号文件关于女职工退休年龄的
规定，也向全国人大常委会提起了违宪审查建议等。② 然而，我国违宪审
查制度存在诸多的问题，主要是违宪审查主体模糊不清，违宪审查机构至
今仍存争议；宪法缺少可适用性，违宪审查失去了根基；法律适用与宪法
及法律解释相分离，导致违宪审查权虚置以及违宪审查法理的混乱和肤浅
等问题，阻碍了违宪审查制度的建立。③ 总之，退休权若无相应的法律救
济机制和措施，权利的保护则成为一句空话。

二　退休金给付请求权司法救济存有障碍

目前，我国一些学者、职业法官认为，退休金给付请求权属于政策领
域的事情，与权利无关，更无程序请求问题。④ 这种看法显然与我国目前
尚无法律予以明确规定退休金给付请求权不无关系。有的规范性文件规定
了社会保险争议的处理。如《劳动法》第 3 条规定，劳动者享有享受社
会保险和福利权利以及提请劳动争议处理的权利；第 73 条规定，劳动者
在退休的情形下，依法享受社会保险待遇。《劳动争议调解仲裁法》第 2
条规定，用人单位与劳动者发生的因工作时间、休息休假、社会保险、福
利、培训以及劳动保护发生的争议适用该法⑤。最高人民法院《关于审理

---

① 苏建军：《原告：让女职工早退休是否违宪》，《中国妇女报》2005 年 12 月 12 日第
002 版。

② 沙星海：《要求修改规定允许男女同龄退休》，《平顶山日报》2006 年 7 月 23 日第
001 版。

③ 莫纪宏：《中国违宪审查制度的历史演变、存在的问题和发展趋势》，载汤德宗，王鹏翔
《2006 两岸四地法律发展（上册）》，中研院法律学研究所筹备处 2007 年版，第 81 页。

④ 参见郑尚元《企业员工退休金请求权及权利塑造》，《清华法学》2009 年第 6 期。

⑤ 最高人民法院在 1993 年 4 月 15 日《关于人民法院对集体企业退休职工为追索退休金而
提起的诉讼应否受理问题的复函》中，指出集体企业退休职工因追索退休金而与企业行政发生的
争议可视为劳动争议，并参照《国营企业劳动争议处理暂行规定》处理。该暂行规定由 1993 年
8 月 1 日实施的《中华人民共和国企业劳动争议处理条例》废止，2011 年 1 月 8 日国务院发布的
《关于废止和修改部分行政法规的决定》则将该条例废止。

劳动争议案件适用法律若干问题的解释（一）》第 1 条规定，劳动者与用人单位之间发生的关于劳动者退休后，与尚未参加社会保险统筹的原用人单位因追索养老金、医疗费、工伤保险待遇和其他社会保险费而发生的纠纷，属于《劳动法》第 2 条规定的劳动争议，当事人不服劳动争议仲裁委员会作出的裁决，依法向人民法院起诉的，人民法院应当受理。最高人民法院《关于审理劳动争议案件适用法律若干问题的解释（二）》第 7 条规定，关于劳动者请求社会保险经办机构发放社会保险金的纠纷不属于劳动争议。上述所谓的社会保险均包括了养老、医疗、工伤等强制性社会保险，劳动者享有社会保险权利及其法律救济的权利，而并没有特别指向退休金给付请求权。因为相关立法在表述上，对于诸如法院关于社会保险相关劳动争议案件具体受理范围等问题存在一定的模糊性，所以导致实践中往往出现一些情况，表现在只要具体争议涉及社保机构的，法院则不予受理，认为退休者应该通过社保机构以行政方式进行解决；而有关社保机构认为因为用人单位没有缴纳基本养老保险费等致使劳动者遭受损失的属于劳动争议，应当由人民法院受理。这种受案范围不清的情形导致退休者无法及时采取司法救济手段，退休金给付请求权难以实现，退休者进退维谷，无所适从。同时，由于我国专门性退休金给付立法长期缺位，所以对于退休金给付请求权的发生要件如退休事由、退休年龄、工龄等均散见于法律、大量的行政法规、部门规章、司法解释等规范性文件中。因为文件的发布时间较为频繁，又涉及司法、劳动行政、财政、税务、医疗等多个部门，所以造成了整个法律体系不够系统、适用上混乱甚至冲突的情况。

第三节　退休权法律救济的变革

一　肯认退休权的可诉性

（一）传统不可诉性理论误区与退休权可诉性的确认

退休权是否可诉的争议起因于联合国《世界人权宣言》创立的权利"二分法"，该法将权利两分为民权、政治权利与经济、社会、文化权利。尽管二分法也强调两套权利体系是不可分割的关系，但是传统研究者还是倾向于依据民权、政治权利具有可诉性而社会权不具有可诉性来区分二者。认为社会权不可诉的理由有三项：一是社会权从本质上与民权、政治权利不同。与后者相比，社会权强调国家积极作为而非国家消极不作为，要求资源配置与逐步完善，而非立即实施，体系比较模糊、开放而非精准。二是如果可诉，就意味着未经选举的法院干涉了通过选举形成的政府机构如何采用经济、社会政策，等同于司法造法，违反了立法、司法应有的分权体制。三是社会权包含了比较复杂的事项和竞争请求权，而法院则没有能力对此进行决定。权利不可诉造成了权利与救济的分离，直接影响了社会分配正义的实现。作为社会权组成部分的退休权，它关涉社会保障和相关分配正义，如果它不可诉，就意味着不能通过法律救济的运行，将法定权利转换为现实生活中的权利——由相应义务做支撑，以维护社会基本正义。也鉴于此，费斯学者提出权利与救济只是在一个单一的社会进程中、尝试赋予公共价值一定意义的两个阶段；权利在抽象领域运行，救济在现实社会中存在；权利可以没有救济而存在，而救济具有特定性、准确性、强制性，它造就了权利的实现。① 否则权利就与义务相分离而沦为虚无缥缈之物。

在我国，退休权虽然在宪法中得以体现，但是始终都是以国家政策的方式存在，未被赋予可诉性，导致退休权即使受到侵犯也无法得到相应的法律救济。权利与救济的分离使得退休权只能单独"存在"，没有对应的救济使得退休权成为了遥不可及的应有权利而非现有权利。当然，从一定程度上来说，考量救济是否可行的因素与决定责任存在的原则是不相同的，而且救济的过程可能会掺入了自由裁量和政治性等因素。② 因此救济的方式方法也牵连到利益平衡，从而使得对于受害人的救济效力仅仅是考虑的原因之一，此外，其他相关社会利益也要综合考量。

（二）当代社会权可诉性理论与退休权可诉性的发展

作为当代人权长足发展的体现之一，社会权与民权、政治权利存在本质上区别的刻板印象已经逐渐被抛弃，人们逐渐认识到所有的人权都是来源于消极权利与积极义务的结合，并且涉及各种层次的资源配置。而对于少数人权利的司法监督通常是通过确保相关弱势群体的权利免受侵害进而提高民主的手段，在社会权案件的裁判中，法官重申了法院的角色是确保

① Christopher Mbazira, *Litigating Socio-Economic Rights In South Africa：A choice between corrective and distributive justice*, Pretoria：Pretoria University Law Press, 2009, pp. 122 – 124.

② K Cooper-Stephenson, *Principle and pragmatism in the law of remedies*, J Berryman. *Remedies：issues and perspectives*, Carswell Legal Pubns, 1991, p. 21.

弱势群体受到重视并强调社会权应当与尊严、平等等基本人权价值相连。法院有能力也有责任执行提出符合社会权案件需要的复杂证据与法律依据的任务，而政府在获取竞争需要的资源方面能力有限，这种证据已经被有效地传递给了法院，法院也做出了全面的考虑。涉及社会权可诉性的问题，法院已经被授权去审判社会权案件，法院不须侵入立法领域也有能力完成这项任命。① 总之，社会权具有可诉性已经为许多国家所接受，也正在逐步地应用于司法实践中。② 如此，接下来关键性的问题或许就在于社会权如何才能受到公正一致的审判。③ 反过来，可诉性会不会对于社会权体系造成影响呢？ 的确，一些案件显示出社会权的可诉性对于防止贫穷、歧视等方面具有直接的积极意义，而对于政治、法律等方面的进步则具有间接意义。但这种影响显然是有条件的，它高度依赖于许多因素和条件，包括秩序、原告具有的政治、组织上的力量以及国家的制度权力的合理配置。当然，在实践中，有些国家缺乏这些条件，比如在印度，影响广泛的决定一般是通过有限的秩序与软弱的国家辅之法院而做出，导致了社会权的可诉性难以真正实施。相比而言，欧洲国家的相关履行更有可能，而南非则代表了一种混合的情形。因此，社会权的可诉性不是没有产生意义，而是不应当被寄予救世主式的期盼或者玩世不恭的态度。④ 同时，实践中是否能够成功地进行社会权诉讼与执行还需要面对一些现实问题，比如是否缺少足够稳定性的条款与程序上的革新，法官是否过于保守，反对者力量是否过于强大等。同时，经济上的障碍也是必须考虑的因素，如果在审判者面前，相对弱势的社会权诉讼的原告能够具有经济上相当的支付能力，那么在诉讼过程中，社会权裁判中的一些消极情形很有可能得以消除。

如前所述，权利与救济不可分离。因而，在司法实践中，法官也应因此把自己的选择限定到那些能够实现权利最大化的救济上，救济存在的唯

① Aoife Nolan, Bruce Porter, Malcolm Langford, "The Justiciability of Social and Economic Rights: An Updated Appraisal", *CHRGJ Working Paper*, Vol. 15, 2010.

② Y. Gai, J. Cottrell. *Economic, Social and Cultural Rights in Practice*, Commonwealth Secretariat, 2004.

③ Malcolm Langford, *The Justiciability of Social Rights: From Practice to Theory*, Malcolm Langford. *Social Rights Jurisprudence Emerging Trends in International and Comparative Law*, New York: Cambridge University Press, 2009, p. 43.

④ Ibid., pp. 43 – 45.

一基础就是实现实体权利，尤其在争议中，救济应当尽可能维护权利，要求法院在认定侵权行为存在之后，提出唯一的问题就在于哪一种救济对于受害人最有效。[①] 而救济的成本等考量因素，除非已然对于救济产生效力，否则都是不必考虑的。这也是当前比较流行的"救济均衡论"的由来。该理论认为，权利依附救济，不仅仅因为救济能够应用于实践，而且因为救济具有专属的范畴、表现形式与存在性。这一点与"权利实在论"截然相反，该理论认为解释宪法权利的过程开始于宪法价值的司法审查，发展于运行规则即宪法救济。"救济均衡论"要求由救济的本质——权利受到侵犯时应有配套的救济——来确定权利的表现形式，因此，当发生国家侵犯宪法权利如退休权的案件时，可能颠倒了"权利实在论"中的因果关系。[②] 尽管预想中人们不会同意救济伴随着权利受到侵犯而存在，但是救济的目的在于应当为了实现权利而斗争的理念是值得称颂的。[③]

（三）肯认退休权可诉性与违宪审查制度的确立

社会权可诉性理论的发展对于退休权的法律救济应当起到了积极的推动作用，例如南非宪法法院确认退休权的可诉性，并诉诸司法实践的做法获得了普遍的赞扬，尽管该法院也被告诫实施法律救济中不能将宪法权利转化为个人权利[④]。然而我国退休权的可诉性问题并未随着相关理论的发展趋势而有所突破，这主要与我国没有确立完全意义的违宪审查制度有很大关系。上面的研究表明，肯认退休权的可诉性，需要以完全意义的违宪审查制度（司法审查）的建立为前提。而我国充其量只规定了不完全意义上的违宪审查制度。这主要体现在宪法第 67 条，《立法法》第 88 条的相关规定中。不过，因为"我国的违宪审查权并不专属最高权力机关，国务院、地方权力机关及各级人民政府都享有一定的违宪审查权，从而形成违宪审查'谁都可以管，但实际上谁都不管'的局面"[⑤]，同时"我国

① P. Gewirtz, "Remedies and resistance", *Yale Law Journal*, Vol. 92, 1983, p. 588.

② Dary J. Levinson, "Rights essentialism and remedial equilibration", *Legal Studies Working Paper Series*, Vol. 99, No. 5, 1999.

③ Christopher Mbazira, *Litigating Socio-Economic Rights In South Africa: A choice between corrective and distributive justice*, Pretoria: Pretoria University Law Press, 2009, p. 126.

④ David Bilchitz, "Towards a reasonable approach to the minimum core: Laying the foundations for future socio-economic rights jurisprudence", *South African Journal on Human Rights*, Vol. 19, No. 1, 2003.

⑤ 王克稳：《我国违宪审查制度建立的主要法律障碍》，《现代法学》2000 年第 2 期。

宪法规定的违宪审查权实际上因没有程序约束和保障而缺乏操作性"①，使得违宪审查权事实上得不到切实实施而流于形式。学者分析认为，导致这种现象的主要理由是我国奉行教条的人民主权论，即一切权力属于人民，而人民通过国家最高权力机关——全国人民代表大会及其常务委员会来行使国家立法权并对司法权（法院和检察院）和行政权（国务院）的监督②，不能反过来由司法权来对立法权进行监督，这显然不利于实践中各种侵犯宪法性权利行为的规制及相应的权利救济，应当大力改变。以退休权为例，必须首先确认其可诉性，以确保退休权的法律救济。其次应建立相应的救济机制，当然这需要更为精细的宪法学上的探讨。

二　充实退休金给付请求权的实体内容

法律对于退休金给付请求权的发生，应当规定具体的实体内容与救济方式，实体内容不仅包括劳动合同有效、请求权存在等实质要件，也应规定退休年龄、工作年限等形式要件。中国保监会于 2008 年 1 月 1 日起施行的《保险公司基本养老保险业务管理办法》第 18 条规定：团体养老年金保险的被保险人分担缴费的，保险合同中应当明确投保人和被保险人各自缴费部分的权益归属，被保险人缴费部分的权益应当完全归属其本人。第 19 条规定：团体养老年金保险合同应当约定被保险人在离职时，有权通过投保人向保险公司申请提取该被保险人全部或者部分已归属权益。这是我国首次在立法中规定了基本养老保险制度以外的退休金给付的既得利益归属问题。被保险人自己缴费部分从缴费时起应自动成为被保险受益人，所以离职时被保险人有权提取该部分，而对于投保人缴费部分的权益归属还需依照保险合同约定而定。虽然该部门规章没有明确指出缴费部分权益归属的法律性质，但是这种积极的尝试为在基本养老保险制度中明确退休金给付请求权、确认其权利的不可丧失性——是一种不可丧失既得权——有着良好的标本意义。

（一）德美两国对于不可丧失既得权的规定及意义

权利大多为确定的既得的权利，权利人现时即可享受某种法律上的特

---

①　包万超：《设立宪法委员会和最高法院违宪审查庭并行的复合审查制》，《理论法学》1998 年第 4 期。

②　季卫东：《合宪性审查与司法权的强化》，《中国社会科学》2002 年第 2 期。

定利益，被称为既得权。但也有很多权利并非能完全地现时享有，须待特定事件的发生或一定时间的经过，权利人才可以完全行使其权利并享受特定的利益，此类权利则被称为期待权。① 雇主在劳资双方的劳动关系存续期间对于雇员做出退休金给付的承诺，从承诺生效时起，退休金给付即成为雇员的期待利益即期待权，但是退休金给付要等到年老、身体失能等事由发生时方能进行，此时退休金请求权得以成立。1972 年德国联邦劳动法院以法官造法的方式确认了退休金期待利益在一定条件下不可丧失，而在此之前通常认为因为契约自由的原则，所以如果劳动契约规定雇员在退休之前解除劳动关系，那么他必然丧失退休金给付请求权。期待利益或者期待权是退休金给付请求权实现的先期阶段，当给付要件完备并发生，期待权则相应转变为退休金给付请求权。即使雇员在退休之前离职，也仍然享有退休金给付请求权，此为不可丧失的权利。1974 年《企业退休金法》颁布，经过 2001 年修订，成为了现行德国规定退休金给付的法律，制定该法的目的即是为了保护退休金期待利益不可丧失。该法接受了联邦劳动法院的确认，在第一条 b 款规定了退休金期待权不可丧失，而取得不可丧失的退休金期待权的要件是雇员在退休之前结束劳动关系，并且已经年满30 岁，雇主承诺给付退休金已经持续至少 5 年等。但是，德国雇员能够请求企业退休金给付的根本原因是劳动契约的存在，而非因为法律对于雇主规定的强制义务，具体而言劳动契约的内容主要包括退休金给付的基本要求、个人或者集体退休金给付承诺、提供给付或者缴费的承诺、延迟报酬等。②

与德国有所不同，美国于 1974 年颁布、1986 年修订的《雇员收入保障法》由四大组成部分构成。一是保护雇员给付的权利，其中分为 A－L 共计十二部分，在 A 中的定义部分规定了既得利益是指退休金计划参加者和其受益人在正常退休年龄可以立即或者延迟获得的退休金给付的现值，这种既得利益是不可丧失的。E 部分是最低既得权标准，其中规定依据《雇员收入保障法》，当应得给付适用于计划参与者获得的给付之时，既得权利则发生效力，此时参与者的应得给付是不可丧失的。对于应得给

① 申卫星：《期待权理论研究》，博士学位论文，中国政法大学，2001 年，第2—3 页。
② Jens Kirchner, Pascal R. Kremp, Michael Magotsch, *Key Aspects of German Employment and Labour Law*, Berlin Heidelberg：Springer-Verlag, 2010, pp. 290 - 294.

付与既得利益给付存在一些适用上的困惑，最高法院规定应得给付率是雇员获得并放入自己退休金账户的给付的比率，而既得是指雇员应得的退休金账户成为不可丧失、不可取消的私有财产的过程。一旦退休金给付成为既得利益，即便参与者在退休之前离开工作岗位，也能够受领自己退休金给付中的既得部分。既得权的发生仅需要来源于雇主在退休金计划中的缴费，而参与者退休金计划的缴费依法自动成为不可丧失的利益。该法规定了既得权实现的两个基本要件：一是年龄；二是工作年限。《雇员收入保障法》对既得权的要求有三种选择。一是立即一次性获得 100% 退休金给付既得权。二是所有退休金计划中最常用的一次性获得 100% 退休金给付既得权。雇员工作年限达到 5 年，即可一次性受领 100% 退休金给付既得权，但是未达到 5 年之前即离职，其给付既得权会完全丧失。三是渐进式获得退休金给付既得权。雇员工作 3 年以下没有任何既得权；工作 3—4 年获得 20% 的既得权；4—5 年获得 40% 的既得权；5—6 年获得 60% 的既得权；6—7 年获得 80% 的既得权；7 年以上则获得 100% 的既得权。[①] 2001 年颁布的《经济增长和税收减免平衡法案》（Economic Growth and Tax Relief Reconciliation Act，EGTRRA）修改了有关《雇员收入保障法》实现既得权的规定，提供了两种选择：一种是工作年限达到 3 年后一次性获得 100% 的既得权；一种是工龄满 2 年后获得 20% 的既得受益权，以后逐年增加 20%，直到工作年限达到 6 年后获得 100% 的既得权。这种进度表只适用于匹配雇员自愿缴费（与雇员的强制性缴费相对）的雇主匹配缴费情形。[②]

通过德国与美国的企业退休金给付的法律规定可以看出，雇主建立企业退休金计划，可以吸引雇员忠诚地服务于企业，减少劳动力过于频繁流动造成企业用工成本的减损。但是如果没有不可丧失既得权的确认，则企业可能在雇员即将达到正常退休年龄、准备受领退休金之际以某些理由任意终止劳动合同，使得劳动者因年老或者身体丧失劳动能力而离开工作岗位时不能享有退休金，以维持其退休后的社会生活。规定既得权利不可丧失即是为了保护劳动者对于退休金给付的期待，减少其对于如何维持退休生活的担忧，进而才能安心地服务于企业。

---

① 林羿：《美国的私有退休金体制》，北京大学出版社 2002 年版，第 58—60 页。

② 殷俊、黄蓉：《论企业年金计划中的既得受益权及其作用》，《求索》2009 年第 6 期。

（二）我国赋予退休金给付以不可丧失既得权的现实需要

我国企业年金计划至今覆盖面有限，退休者领取退休金依然主要依靠城镇职工基本养老保险制度。目前该制度已经覆盖达到 2.32 亿人。[①] 根据 2011 年国家人口计生委发布的《中国流动人口发展报告 2011》，我国就业的流动人口中，52%没有参加任何社会保险，而且流动人口基本养老保险转移比例低，异地接续仍然困难，这将造成前期缴费的失效，不能为流动人口未来生活带来真正保障。为改变这种状况，2010 年 1 月 1 日开始施行的《国务院办公厅关于转发人力资源和社会保障部、财政部〈城镇企业职工基本养老保险关系转移接续暂行办法〉的通知》（国办发〔2009〕66 号）第 4 条规定了参保人员跨省流动就业转移基本养老保险的若干问题。其中转移资金的计算方法是个人账户储存额可以全部转移，而统筹基金即单位缴费部分以各年度实际缴费工资为基数，按照 12%的总和转移。目前全国大部分地区的单位缴费率为工资基数的 20%，少部分地区低于 20%，根据该文件的规定等于只是转移了单位缴费部分的 60%。对于只转移了部分的单位缴费，人保机构负责人认为"单位缴费的大部分随跨省流动就业转给了转入地，减轻了转入地未来长期的资金支付压力；单位缴费的少部分留给转出地，用于确保当期的基本养老金支付。确定适当的单位缴费资金转移量，是为了平衡转出地和转入地的基金关系，对流动就业参保人员本人的基本养老金水平核定不会产生不利影响[②]"。通过测算得出 12%的比例能够达到转入地与转出地两方资金的平衡。但是对于劳动者而言，减少的 40%单位缴费造成的利益损失却无法以其他方法达到平衡。此种转移资金的计算方法也没有以退休金给付既得权为法律基础。理论上讲，基本养老保险关系转移接续目的应在于，"促进人力资源合理配置和有序流动，保证参保人员跨省流动并在城镇就业时基本养老保险关系的顺畅转移接续"。但令人遗憾的是，以权衡参保地的资金得失而建立的转移接续方法显然无法有效实现劳动者期待的退休金给付。事实上，如果能够依法赋予劳动者享有退休金给付之不可丧失既得权，按照工龄（工作年限）规定获得既得权的比例，并且根据劳动力流动与经济发

---

① 《实现跨地区顺畅转续保障参保人员权益——人力资源和社会保障部有关负责人就贯彻实施〈城镇企业职工基本养老保险关系转移接续暂行办法〉答记者问》，《四川劳动保障》2010年第 1 期。

② 同上。

展的具体情形相应调整工作年限，可以保证劳动者在不丧失退休金给付既得权的同时，实现自由就业、流动就业、异地就业，也将一定程度地促进社会经济的发展。另外，若在我国基本养老保险制度中确立退休金给付期待权之不可丧失性，因为基本养老保险等社会保险是劳动合同的法定条款，则代表自劳动合同生效之日起劳动者即对未来退休金给付形成了一种期待利益，并且期待利益不会随着劳动者离职而丧失。《劳动合同法》第50条规定："用人单位应当在解除或者终止劳动合同时出具解除或者终止劳动合同的证明，并在十五日内为劳动者办理档案和社会保险关系转移手续。"当劳动者（严格意义上说是期待利益享有者，因为劳动关系已经解除）在达到法定退休年龄之前与用人单位解除劳动关系，则退休金给付的既得权不会因此而丧失，可随之转移到新建劳动关系中的用人单位一方。

为进一步健全退休金给付制度，我们建议对于获得既得权的劳动者的年龄、工龄与既得权的比例等都应作出相应的灵活规定，这将有助于劳动者既得权不可丧失的保护。当前，我国职工基本养老保险费的缴纳是用人单位与劳动者的法定义务，具有强制性的特征。《社会保险法》规定，参加基本养老保险的个人，达到法定退休年龄时累计缴费满十五年的，按月领取基本养老金。法律强制性规定了统一的缴费年限，若没有达到该缴费年限，须采取延长一定的退休年龄（见前文，有的省市制定了相应的规范性文件）等方式继续补足缴费年限，或者转入新型农村社会基本养老保险或者城镇居民社会基本养老保险，方可领取退休金。在该法施行之前，国务院《关于完善企业职工基本养老保险制度的决定》（国发〔2005〕38号）规定到达退休年龄但缴费年限累计不满15年的人员，不发给基础养老金；个人账户储存额一次性支付给本人，终止基本养老保险关系。《社会保险法》在一定程度上缓和了国发〔2005〕38号文件的刚性，为劳动者提供了选择的可能，但是如果劳动者没有采取《社会保险法》规定的任何方式，则无法实现享有受领退休金的权利。

（三）确立退休金给付请求权的要件

期待权是请求权实施的先期阶段，期待利益满足了请求权发生的要件，即形成请求权。退休金给付请求权的成就应当具备基本要件。其一是退休者在退休之前与用人单位存在劳动（工作）关系，签订的劳动（聘用）合同有效。判断劳动合同是否有效之问题，应当根据劳动立法的具体规定，但是实践中认定劳动者与用人单位是否存在劳动关系也具有较大难度。有学者认为可以根据劳动者对于该用人单位是否具有"人格从属性、组织从属性与经济从属性"[1] 等特征进行判断。其二是退休者应当满足法定退休条件，包括达到退休年龄、基本工龄与缴费年限等。根据《公务员法》、国发〔1978〕104 号文件等规定党政机关、群众团体、企业、事业单位的干部的退休条件为男年满 60 周岁，女年满 55 周岁，参加革命工作年限满 10 年的；男年满 50 周岁，女年满 45 周岁，参加革命工作年限满 10 年，经过医院证明完全丧失工作能力的；因工致残，经过医院证明完全丧失工作能力的。而事业单位和党政机关、群众团体的工人的退休条件为男年满 60 周岁，女年满 50 周岁，连续工龄满 10 年的；特殊工种的工人，男年满 55 周岁、女年满 45 周岁，连续工龄满 10 年的；本项规定也适用于工作条件与工人相同的基层干部；男年满 50 周岁，女年满 45 周岁，连续工龄满 10 年，由医院证明，并经劳动鉴定委员会确认，完全丧失劳动能力的；因工致残，由医院证明，并经劳动鉴定委员会确认，完全丧失劳动能力的。另外，公务员经本人自愿提出申请、任免机关批准，可以提前退休的条件为工作年限满 30 年的；距国家规定的退休年龄不足 5 年，且工作年限满 20 年的；符合国家规定的可以提前退休的其他情形的。《社会保险法》规定，参加基本养老保险的个人，达到法定退休年龄时累计缴费满十五年的，按月领取基本养老金。但是如果能够在确认退休金给付的期待利益不可丧失的前提之下，根据不同的年龄、工龄、缴费年限来确定获得既得权的比例，将更好地保障劳动者的经济利益。年轻劳动者更换工作的频率可能相对较高，而中年、年长劳动者可能相对稳定，按照 29 岁以下、30—44 岁、45—59 岁三个年龄阶段[2]来确定获得既得权的年龄分段，并根据具体测算得出工龄与缴费年限的分段，不再适用统一的 10 年工龄、15 年最低缴费期限等规定。通过综合考量最终确定获得既得权的比例：年龄小、工龄短、缴费时间少则既得权比例较低，反之则既得权比例较高，中间部分根据具体规定获得既得权比例也不相同。从

---

① 黄越钦：《劳动法新论》，中国政法大学出版社 2003 年版，第 94—95 页。

② 上海市统计局：《上海常住人口性别年龄结构变化特征分析》，2011 年 12 月 14 日，上海市统计局网站（http://www.stats-sh.gov.cn/fxbg/201112/236881.html.）。其中对于劳动年龄内部结构的划分：15—29 岁青年劳动年龄人口；30—44 岁中年劳动年龄人口；45—59 岁年长劳动年龄人口。另外，联合国世界卫生组织对年龄的划分标准作出了新的规定：44 岁以下为青年人；45—59 岁为中年人。

而使劳动者拥有更多选择，鼓励劳动者能够从自身实际情况出发，享有退休金给付的既得权。而对于企业来说，如果不再规定统一的基本养老保险费的缴费年限，在一定程度上会降低相应的用工成本和管理费用。

三　完善退休权的保障与救济机制

从广义来说，保障包含了救济的内容，而狭义上的保障和救济又存在一定的差别。保障一般是指立法机关或者行政机关依靠其调查与当事人的申诉，通过立法或者行政程序提起程序，但是保障的后果并不直接关系到公民具体权利的实现，而且结果往往不是最终的，当事人对结果不满，还可以提起司法诉讼程序。救济，通常指的是司法机关或者仲裁等中立机构，由当事人按照法律程序提起诉讼或者依法申请仲裁，救济的后果会在实际上确认或者肯定公民某一方面的权利，并且具有终局性和最终的法律效力。[①] 鉴于我国尚未设立宪法法院，没有建立违宪审查制度，因而探讨我国退休权保障与救济的核心是退休金给付请求权的保障和救济，其中保障基本是以行政保障为主，不涉及立法保障的相关问题。对于退休金给付请求权的争议可以主要从行政保障与司法救济两个层面进行解决。

（一）行政保障上重视调解员的作用

依据《劳动争议调解仲裁法》第 2 条规定，用人单位与劳动者发生因确认劳动关系发生的争议；因订立、履行、变更、解除和终止劳动合同发生的争议；因除名、辞退和辞职、离职发生的争议；因工作时间、休息休假、社会保险、福利、培训以及劳动保护发生的争议；因劳动报酬、工伤医疗费、经济补偿或者赔偿金等发生的争议时应当适用该法。退休金给付请求权的争议属于该法规定的劳动争议范围，所以用人单位与劳动者可以适用该法解决退休金给付请求权的争议。根据人保部统计，2014 年全年全国各地劳动人事争议调解组织和仲裁机构共受理劳动人事争议案件155.9 万件。办结案件 136.2 万件。仲裁结案率为 95.2%，仲裁机构期末未结案件数达到 3.6 万件。[②] 因此，调解和仲裁作为行政保障的主要方式

---

① 参见韩大元《比较宪法学》，高等教育出版社 2003 年版，第 211—212 页。

② 人力资源和社会保障部：《2014 年度人力资源和社会保障事业发展统计公报》，2015 年 5 月 28 日，人力资源和社会保障部网站（http://www.mohrss.gov.cn/SYrlzyhshbzb/dongtaixinwen/buneiyaowen/201505/t20150528_ 162040. htm）。

在解决劳动争议方面卓有成效。

劳动调解并非强制性必经程序，而是以双方自愿为基本前提，如果调解协议顺利达成，应当能够得到较好的履行。另外，根据《劳动争议调解仲裁法》的规定，劳动争议调解协议书具有了一定的约束力，对于法律规定事项达成的协议书，劳动者可以据此向法院申请支付令。只有赋予了调解的结果一定的约束力，调解才不会简单流于形式。调解是开启劳动争议之锁的第一把钥匙，对于降低纠纷交易成本、提高解决效率等方面的重要性不言而喻。退休金给付争议中的退休者一方，可能是因为年老或者身体失能离开工作岗位，在身体状况、经济实力等各方面比其他劳资争议中的劳动者都处于更为弱势的地位，如果能在调解阶段解决争议，将有利于及时实现退休金给付，保证退休者的基本生活，体现政府与社会关注民生、以人为本的理念。因此，调解组织应当在调解过程中充分发挥积极作用，其中调解员的地位也就相应凸显出来。依据我国法律规定，调解员首先应当具有专业知识、文化水平、较高的社会影响力与道德水平。但是调解员不应简单地扮演在劳资双方规劝、说服的角色，而可以在当事人提出申请之时，能够主持调解会议，分别与双方进行商议，主导整个调解过程。调解员如果承诺促进当事人之间的协商，应当通过建议另一方申请人明确对方申请人可能会接受这样的条款的方式为双方预先检查新的协议提案，这样调解员才能够鼓励陷入僵局的当事人重新回到谈判桌上。调解员也可以尝试通过设定双方可能接受的方式来解决事实上的争议，在这一过程中，调解员的建议也许会形成新的解决方案。需要建立体系化的调解规则、形成系统化的调解方式以及针对个案特征进行个别处理，调解员的责任十分重大。仅仅因为"热心"调解工作却停留在兼职、免费的基础上，调解员将受到知识能力、个人精力与经济能力等各方面的局限，因此，加大对于调解员的培训、报酬给付、配套设施等方面的投入，才可能使得劳动调解为解决劳资争议奠定坚实的基础。

（二）司法救济中强调法官自由裁量权

当前世界各国劳动争议的数量越来越大，其中由退休金给付引起的劳动争议也占据了一定的比重。根据国际劳工组织对于 44 个国家的统计，在引起各国集体合同争议的主要原因中，退休金给付与社会保障占到了所有劳动争议比例的 7.27%，在工资、职业安全、劳资关系等十项原因中位列中间。① 各国基于节约诉讼成本等理念，鼓励纠纷当事人采用调解、仲裁等替代性方式解决劳动争议。我国对于解决劳动争议设立了"一调一裁二审"的制度，根本目的同样是希望通过调解、仲裁等方式在诉讼之前解决劳动争议，尽量降低双方当事人的救济成本。而诉讼则成为了当事人诉求权利保护的最后一道屏障。

　　退休金给付请求权没有专门的立法进行保护，也不存在严格意义上的救济程序。根据《社会保险法》的规定，用人单位或者个人认为社保经办机构的行为侵害自己合法权益的，可以依法申请行政复议或者提起行政诉讼。用人单位或者个人对社会保险经办机构不依法办理社会保险登记、核定社会保险费、支付社会保险待遇、办理社会保险转移接续手续或者侵害其他社会保险权益的行为，可以依法申请行政复议或者提起行政诉讼。用人单位侵害个人社会保险权益的，个人也可以要求社保经办机构依法处理。因此，对于基本养老保险给付的纠纷可以按照退休者、用人单位与社保经办机构三方发生的争议解决方式进行救济，主要以行政复议与行政诉讼为主，其中行政复议是非行政诉讼的必经程序。但是长期以来，我国社保机构与法院对于涉及基本养老保险等社会保险的劳动争议的受理范围始终区别得不甚清晰，造成了一些争议案件在两个部门均得不到受理的情形。根据最高人民法院对于法释〔2010〕12号文件②的解读，用人单位、劳动者和社保机构就欠费等发生争议，是征收与缴纳之间的纠纷，属于行政管理的范畴，带有社会管理的性质，不是单一的劳动者与用人单位之间

---

① ILO Industrial Relations Survey, 2006, *Nicosia*, *Cyprus. Collective Dispute Resolution through Conciliation*, *Mediation and Arbitration*: *European and ILO Perspectives*, 2007 - 10 - 18, Geneva: International Labour Office High-Level Tripartite Seminar On The Settlement Of Labour Disputes Through Mediation, Conciliation, Arbitration And Labour Courts, p. 20.

② 其实早在2001年最高人民法院《关于审理劳动争议案件适用法律若干问题的解释（一）》（法释〔2001〕14号）第1条已经做出了规定，劳动者退休后，与尚未参加社会保险统筹的原用人单位因追索养老金、医疗费、工伤保险待遇及其他社会保险费而发生的纠纷属于《劳动法》规定的劳动争议，当事人不服劳动争议仲裁委员会作出的裁决，依法向人民法院起诉的，人民法院应当受理。2006年最高人民法院《关于审理劳动争议案件适用法律若干问题的解释（二）》（法释〔2006〕6号）第7条规定，劳动者请求社会保险经办机构发放社会保险金的纠纷不属于劳动争议。两则司法解释与2008年5月1日实施的《劳动争议调解仲裁法》、2010年10月28日通过的《社会保险法》都存在一定的冲突，2010年9月14日起实施的《最高人民法院关于审理劳动争议案件适用法律若干问题的解释（三）》（法释〔2010〕12号）对于解释（一）、（二）与法律冲突之处进行了修订。

的社保争议。因此，对于用人单位已经办理了社保手续，但因用人单位欠缴、拒缴社会保险费或者因缴费年限、缴费基数等发生的争议，应由社保管理部门解决处理，不应纳入法院受理范围。而对于因用人单位没有为劳动者办理社会保险手续，且社会保险经办机构不能补办导致劳动者不能享受社会保险待遇，要求用人单位赔偿损失的，属于社会保险争议纠纷，法院应当依法受理。

"从一定意义上来说，权利与救济是不能分离的，因为如果没有法律给予的救济，则无法决定权利的范围，但有的时候，权利与救济似乎又是可以分离的，因为权利本身没有必要决定适合的救济，普通法系的法院会做出单独的审理与裁判，也就是所谓的自由裁量。即在法律结论不清晰的情况下，需要通过利益衡量或者价值判断的过程得出特定的结论，由此实现从不确定性到确定性的转变。这种裁量都是在法律规定模糊或者无规定的情况下发生的，因无明确的或者硬性的法律约束而被称为自由裁量。"[①] 在我国，退休金给付请求权缺乏立法的确认和保护，退休者或者相关主体提起诉讼，法院也只能将其纳入社会保险的救济体系之内。而法官在具体审判过程中因为缺乏专门有针对性的法律依据，所以相比适用专门法律审理案件来说，进行推理的过程必然会增加一定的法律解释的环节。"法律乃是部分地不确定或不完整，而且法官针对法律的这种特性应该行使其有限的造法裁量权限以填充法律的漏洞。[②]" 在退休金给付请求权的专门性法律处于空白的情况之下，法官是否能够针对特定个案产生的特定议题定下规则呢？我国并非判例法系国家，法官的作用应当是遵循法律，而不是创造法律，但是对于法官处理案件的过程中如何能够把握自由裁量权而进行合理运用，同样应予以重视。虽然法官运用自由裁量权做出的裁判并不具有普遍的约束力，在法律文件中也无法明确其效力，但是在个案上的法律效力是无可置疑的。法官的自由裁量权只能处理特定的具体的案件，因此他无权使用该权力造成大规模的改造与引进新的法律条款，这种自由裁量权的行使也必然会受到其他既有法律的限制。退休金给付是关乎退休者在退休后能否继续生活的最主要的经济来源，不能因为法律体系中没有专

---

① 孔祥俊：《法律方法论（第三卷）》，人民法院出版社 2006 年版，第 1207 页。

② ［英］哈特：《法律的概念》，许家馨、李冠宜译，法律出版社 2006 年第二版，第253 页。

门的法律规定就否定退休金给付请求权的存在，相反，请求权具备了相应的基本要件之时即可以成就。法官在审理案件的过程中，"由于法律规定的模糊性、漏洞性和空白性不能避免，所以裁量就必然存在。[①]"法官在审理退休金给付请求权的案件之时，若能够强调自由裁量对于个案的适用，以利益衡量或者价值判断的方式来弥补专门性法律缺失的不足，将对于该法律体系的尽快形成起到有益的推动作用。对于成文法系的典型代表德国，其法律体系没有明确规定与劳资纠纷有关的权利，因此这些权利主要由判例发展而形成，并结合宪法性权利得以保障。[②] 重视并合理运用法官的自由裁量权，注意总结个案中的问题，也许能够为未来立法做出一定的实践探索。当然也要防止自由裁量权的滥用，否则司法救济的公信力也将受到消极的影响。

---

① ［美］杜鲁门：《政治过程——政治利益与公共舆论》，转引自孔祥俊《法律方法论（第三卷）》，人民法院出版社 2006 年版，第 1208 页。

② Jens Kirchner, Pascal R. Kremp, Michael Magotsch, *Key Aspects of German Employment and Labour Law*, Berlin Heidelberg：Springer-Verlag, 2010, p. 199.

结　论

　　我国自古代开始就存在官员致仕制度，对于致仕的年龄、待遇均有相应的规定；新中国成立以后，为了保障公务员、事业单位工作人员以及企业职工因为年老、身体失能等原因退出劳动岗位后仍然能够维持基本生活，我国开始逐步构建退休法律制度。然而，迄今为止，国家始终没有制定实施专门的退休立法，退休法律制度尚不完善，其所涵盖的退休年龄、退休金给付与退休权的法律救济等基本内容散见于其他一般性立法文件中，无法全面、及时地保护退休者的权益。本文在论证了退休法律制度必要性的基础上，对该制度构造进行了总体性的立法设计。

　　对退休年龄法律确立的研究过程中，侧重于法学理论的分析，提出统一男女退休年龄、理性提高退休年龄、暂缓建立弹性退休制度等学术见解，但是并未指出统一的具体年龄，准确的数字也许要期待建立相关经济学的模型进行测算。而对于退休金给付的法律保障问题，提出了确保新旧退休金制度的有效衔接及融贯的方法以及在分配正义的视野下应当考量退休金给付新"双轨制"的命运。在阐述退休权的法律救济过程中，明确指出，退休权作为宪法保护的权利，其救济能否实现还有待于我国对于设立违宪审查制度的取舍态度。在探讨如何完善退休权的保障与救济机制的过程中，提出行政保障上应当重视调解员的作用，司法救济上强调充分发挥自由裁量权的作用。在上述诸多方面，本文都有所涉猎并大胆地提出了个人见解。本文是对退休法律制度研究的初步尝试，这些研究在体系选择和内容确定上还不够十分理想，还有待进一步加以论证，同时因为研究能力的有限，必然导致所涉的观点和文献不够全面，希望得到学界前辈和同人的指教。

参考文献

一 中文著作

〔1〕成思危:《中国社会保障体系的改革与完善》,民主与建设出版社2000年版。

〔2〕程燎原、王人博:《权利论》,广西师范大学出版社集团有限公司2014年版。

〔3〕蔡向东:《统账结合的中国城镇职工基本养老保险制度可持续性研究》,经济科学出版社2011年版。

〔4〕董保华:《社会法原论》,中国政法大学出版社2001年版。

〔5〕丁建定:《英国济贫法制度史》,人民出版社2014年版。

〔6〕樊明:《退休行为与退休政策》,社会科学文献出版2008年版。

〔7〕冯彦君:《劳动法学》,吉林大学出版社1999年版。

〔8〕韩大元:《比较宪法学》,高等教育出版社2003年版。

〔9〕姚玲珍:《德国社会保障制度》,上海人民出版社2011年版。

〔10〕黄越钦:《劳动法新论》,中国政法大学出版社2003年版。

〔11〕孙国华、朱景文:《法理学》,中国人民大学出版社2015年第4版。

〔12〕季卫东:《法治秩序的建构》,中国政法大学出版社2014年增补版。

〔13〕姜向群、杜鹏:《中国人口老龄化和老龄事业发展报告》,中国人民大学出版社2013年版。

〔14〕孔祥俊:《法律方法论(第三卷)》,人民法院出版社2006年版。

〔15〕李薇薇、Lisa Stearns:《禁止就业歧视国际标准和国内实践》,法律出版社2006年版。

〔16〕林嘉:《劳动法和社会保障法》,中国人民大学出版社2014年

第 3 版。

[17] 林嘉：《社会保障法的理念、实践与创新》，中国人民大学出版社 2002 年版。

[18] 林羿：《美国的私有退休金体制》，北京大学出版社 2002 年版。

[19] 林晓云：《美国劳动雇佣法》，法律出版社 2007 年版。

[20] 罗传贤：《立法程序与技术》，五南图书出版股份有限公司 2005 年版。

[21] 牛文光：《美国社会保障制度的发展》，中国劳动社会保障出版社 2004 年版。

[22] 覃有土，樊启荣：《社会保障法》，法律出版社 1997 年版。

[23] 苏力：《制度是如何形成的》，北京大学出版社 2007 年增订版。

[24] 汤德宗、王鹏翔：《2006 两岸四地法律发展（上册）》，中研院法律学研究所筹备处 2007 年版。

[25] 退休年龄问题研究课题组：《退休年龄问题研究报告》，国际劳工组织 2011 年版。

[26] 王全兴：《劳动法学》，高等教育出版社 2008 年版。

[27] 王亚新：《法学进阶之路》，中国人民大学出版社 2008 年版。

[28] 王军：《哈耶克》，中国财政经济出版社 2006 年版。

[29] 王延中：《中国社会保障发展报告（2015）No. 7："十三五"时期的社会保障》，社会科学文献出版社 2015 年版。

[30] 王莉莉、郭平：《日本老年社会保障制度》，中国社会出版社 2010 年版。

[31] 夏正林：《社会权规范研究》，山东人民出版社 2007 年版。

[32] 薛小建：《论社会保障权》，中国法制出版社 2007 年版。

[33] 杨燕绥：《清华大学民生保障与社会发展研究系列：中国老龄社会与养老保障发展报告（2013）》，清华大学出版社 2014 年版。

[34] 杨宜勇：《中国老龄社会背景下的退休安排》，中国劳动社会保障出版社，2008 年版。

[35] 叶静漪、Ronnie Eklund：《劳动法与社会保障法论丛——瑞典劳动法导读》，北京大学出版社 2008 年版。

[36] 张文显：《法理学》，高等教育出版社，北京大学出版社 2011 年版第 4 版。

［37］张文显：《二十世纪西方法哲学思潮研究》，法律出版社 2006 年版。

［38］张新民：《养老金法律制度研究》，人民出版社 2007 年版。

［39］张恺悌、郭平：《美国养老》，中国社会出版社 2010 年版。

［40］张运刚：《人口老龄化背景下的中国基本养老保险制度》，西南财大出版社 2005 年版。

［41］赵立新：《德国日本社会保障法研究》，知识产权出版社 2008 年版。

［42］郑秉文：《中国养老金发展报告 2014：向名义账户制转型》，经济管理出版社 2014 年版。

［43］郑秉文：《当代东亚国家、地区社会保障制度》，法律出版社 2002 年版。

［44］郑功成：《中国社会保障 30 年》，人民出版社 2008 年版。

二　中文译著

［45］［加］米什拉：《资本主义社会的福利国家》，郑秉文译，法律出版社 2003 年版。

［46］［丹麦］埃斯平—安德森：《福利资本主义的三个世界》，苗正民，滕玉英译，商务印书馆 2010 年版。

［47］［丹麦］本特·格雷夫：《比较福利制度》，许耀桐等译，重庆出版社 2006 年版。

［48］［法］安德烈·拉布戴特：《退休制度》，范晓雷译，商务印书馆 1997 年版。

［49］［法］迪贝卢、普列多：《社会保障法》，蒋将元译，法律出版社 2002 年版。

［50］［德］杜茨：《劳动法》，张国文译，法律出版社 2005 年版。

［51］［德］拉伦茨：《法学方法论》，陈爱娥译，商务印书馆 2003 年版。

［52］［德］马克斯·韦伯：《论经济与社会中的法律》，张乃根译，中国大百科全书出版社 1998 年版。

［53］［爱尔兰］J. M. 凯利：《西方法律思想简史》，王笑红译，法律出版社 2002 年版。

［54］　［日］大须贺明：《生存权论》，林浩译，法律出版社 2001年版。

［55］［英］哈特：《法律的概念》，许家馨、李冠宜译，法律出版社 2006 年版。

［56］［英］亚当·斯密：《国富论》，唐日松等译，华夏出版社 2004 年版。

［57］［英］琳达·狄更斯，聂尔伦：《英国劳资关系调整机构的变迁》，英中协会译，北京大学出版社 2007 年版。

［58］［英］贝尔特：《二十世纪的社会理论——大学译丛》，瞿铁鹏译，上海译文出版社 2005 年版。

［59］［英］巴纳德：《欧盟劳动法》，付欣译，中国法制出版社 2005年版。

［60］［英］罗伯特·伊斯特：《社会保障法》，周长征等译，中国劳动社会保障出版社 2003 年版。

［61］　［美］德鲁克：《养老金革命》，刘伟译，东方出版社 2009年版。

［62］［美］威廉姆：《当今世界的社会福利》，解俊杰译，法律出版社 2003 年版。

［63］［美］Henry J. Aaron：《退休经济学—应用与实证》，汪泽英，耿树艳译，中国劳动社会保障出版社 2008 年版。

［64］［美］伯纳德·施瓦茨：《美国法律史》，王军译，法律出版社 2007 年版。

［65］［美］劳伦斯·M. 弗里德曼：《法律制度——从社会科学角度观察》，李琼英，林欣译，中国政法大学出版社 2004 年版。

［66］［美］罗纳德·德沃金：《认真对待权利》，信春鹰，吴玉章译，中国大百科全书出版社 1998 年版。

［67］［美］约翰·罗尔斯：《正义论》，何怀宏等译，中国社会科学出版社 1988 年版。

［68］［美］诺内特、塞尔兹尼克：《转变中的法律与社会：迈向回应型法》，张志铭译，中国政法大学出版社 2004 年版。

［69］［美］E. 博登海默：《法理学——法律哲学与法律方法》，邓正来译，中国政法大学出版社 2004 年版。

［70］［美］威廉·曼彻斯特：《光荣与梦想》，朱协译，海南出版社、三环出版社 2006 年版。

［71］［美］霍尔姆斯，桑斯坦：《权利的成本——为什么自由依赖于税》，毕竞悦译，北京大学出版社 2011 年版。

［72］［美］托马斯·雅诺斯基：《公民与文明社会》，辽宁教育出版社 2000 年版。

［73］［美］戴维·波普诺：《社会学》，李强译，中国人民大学出版社 2007 年版。

［74］［美］罗纳德·H. 科斯：《财产权利与制度变迁：产权学派与新制度学派译文集》，刘守英译，格致出版社、上海人民出版社 2014 年版。

［75］［比］丹尼·皮特尔斯：《威科法律译丛 1：社会保障基本原理》，蒋月，王铀镱译，商务印书馆 2014 年版。

三　中文论文

［76］单飞跃：《经济宪政哲学纲论》，博士学位论文，西南政法大学，2005。

［77］申卫星：《期待权理论研究》，博士学位论文，中国政法大学，2001。

［78］杨文俊：《美德日社会保险制度比较研究》，博士学位论文，吉林大学，2007。

［79］李海明：《论退休自愿及其限制》，《中国法学》2013 年第 4 期。

［80］陈雄：《老年人退休权的宪法分析》，《法学杂志》2011 年第 2 期。

［81］陈忠：《城市权利：全球视野与中国问题——基于城市哲学与城市批评史的研究视角》，《中国社会科学》2014 年第 1 期。

［82］范围：《我国退休法律制度的预设前提及其反思》，《中国人民大学学报》2014 年第 5 期。

［83］冯彦君、董文军：《中国应确立相对独立的劳动诉讼制度——以实现劳动司法的公正和效率为目标》，《吉林大学社会科学学报》2007 年第 5 期。

［84］冯彦君、李娜：《退休再就业：劳动关系抑或劳务关系——兼评"社会保险标准说"》，《社会科学战线》2012 年第 7 期。

［85］方新军：《权利客体的概念及层次》，《法学研究》2010 年第 2 期。

［86］龚向和：《论社会权的经济发展价值》，《中国法学》2013 年第 5 期。

［87］黄新波：《特殊工种提前退休行政审批案件的司法审查》，《人民司法》2009 年第 12 期。

［88］季卫东：《合宪性审查与司法权的强化》，《中国社会科学》2002 年第 2 期。

［89］季卫东：《法学理论创新与中国的软实力——对法律与社会研究的重新定位》，《上海交通大学学报（哲学社会科学版）》2008 年第 3 期。

［90］姜向群、陈艳：《对我国当前推迟退休年龄之说的质疑》，《人口研究》2004 年第 5 期。

［91］姜春海、刘晓妍：《买断工龄的经济补偿与最优均衡》，《东北财经大学学报》2009 年第 6 期。

［92］韩克庆：《延迟退休年龄之争——民粹主义与精英主义》，《社会学研究》2014 年第 5 期。

［93］金刚：《中国退休年龄的现状、问题及实施延迟退休的必要性分析》，《社会保障研究》2010 年第 2 期。

［94］科隆经济研究所：《微薄的退休金不等于微薄的收入》，《国外社会科学》2006 第 3 期。

［95］刘锋：《日本的社会保障制度——以国民养老金为中心》，《国外理论动态》2008 年第 1 期。

［96］申策、张冠：《美国的社会保险制度对中国养老制度改革的启示》，《吉林大学社会科学学报》2013 年第 2 期。

［97］聂辉华：《中国改革：从摸石头过河到架桥过河》，《炎黄春秋》2011 年第 11 期。

［98］彭希哲、胡湛：《公共政策视角下的中国人口老龄化》，《中国社会科学》2011 年第 3 期。

［99］潘锦棠：《世界男女退休年龄现状分析》，《甘肃社会科学》

2003 年第 1 期。

　　[100] 潘锦棠:《养老社会保险制度中的性别利益——兼评关于男女退休年龄的讨论》,《中国社会科学》2002 年第 2 期。

　　[101] 孙正聿:《从两极到中介——现代哲学的革命》,《哲学研究》1988 年第 8 期。

　　[102] 宋厚振、王庆悦:《买断工龄是错误的》,《中国社会保障》2002 年第 11 期。

　　[103] 唐政秋:《论我国社会保障立法的价值取向》,《求索》2004 年第 1 期。

　　[104] 汪泽英、曾湘泉:《中国社会基本养老保险收益激励与企业职工退休年龄分析》,《中国人民大学学报》2004 年第 6 期。

　　[105] 王涌:《作为民法方法论的分析法学导论》,《南京大学法律评论》1999 年第 8 期。

　　[106] 谢增毅:《退休年龄与劳动法的适用——兼论"退休"的法律意义》,《比较法研究》2013 年第 3 期。

　　[107] 夏正林:《论退休权的宪法保障》,《法学》2006 年第 12 期。

　　[108] 杨燕绥、胡乃军:《财政支出比较视角下公务员退休金制度设计》,《公共管理学报》2010 年第 2 期。

　　[109] 杨德敏:《社会法视角的退休年龄延长及其功用》,《重庆社会科学》2009 年第 1 期。

　　[110] 殷俊、黄蓉:《论企业年金计划中的既得受益权及其作用》,《求索》2009 年第 6 期。

　　[111] 于立、孟韬:《国有企业"买断工龄"的问题与规范——以东北老工业基地资源枯竭型国有企业为例》,《社会科学战线》2004 年第 6 期。

　　[112] 张震:《延迟退休立法研究》,《法商研究》2014 年第 6 期。

　　[113] 张凌竹:《日本公务员与私营部门雇员退休金待遇差距之成因分析》,《东疆学刊》2011 年第 4 期。

　　[114] 郑秉文:《中国社会保险经办服务体系的现状、问题及改革思路》,《中国人口科学》2013 年第 6 期。

　　[115] 郑尚元:《企业员工退休金请求权及权利塑造》,《清华法学》2009 年第 6 期。

三　外文著作

［116］Anne-Marie Brocas, Anne-Marie Cailloux, Virginie Oget, *Women and social security: progress towards equality of treatment*, Geneva: International Labour Org, 1991.

［117］Bernhard Ebbinghaus, *Reforming Early Retirement in Europe, Japan and the USA*, New York: Oxford University Press, USA, 2008.

［118］Bernhard Ebbinghaus, Mareike Gronwald, *The Changing Public-Private Pension Mix in Europe: From Path Dependence to Path Departure*, MZES, University of Mannheim, GOSPE Project, Draft Paper, 2009.

［119］Birgit Mattil, *Pension Systems: Sustainability and Distributional Effects in Germany and the United Kingdom*, Heidelberg: Physica-Verlag HD, 2006.

［120］Björn Pannemann, Torben Krösing, Arndt Petersen, *Challenges of the Demographic Change in Germany*, München: GRIN Verlag, 2011.

［121］Christopher Mbazira, *Litigating Socio-economic Rights in South Africa: A choice between corrective and distributive justice*, Pretoria University Law Press, 2009.

［122］Christina Benita Wilke, *German Pension Reform (Sozialokonomische Schriften)*, Peter Lang GmbH, 2009.

［123］Conor Quigley, *European Community Contract Law: The Effect of EC Legislation on Contractual Rights, Obligations and Remedies*, Kluwer Law International, 1998.

［124］Dana M. Muir, John A. Turner, *Imagining the Ideal Pension System: International Perspectives*, W E Upjohn Inst Press, 2011.

［125］Giacomo Di Federico, *The EU Charter of Fundamental Rights: from declaration to binding instrument*, Springer, 2010.

［126］Goldman, *Labour Law in the USA*, 3rd Edition Revised, Kluwer Law International, 2011.

［127］Heather Gibson, Jerome Singleton, *Leisure and Aging: Theory and Practice*, Human Kinetics, 2011.

［128］Huber, E, *Development and crisis of the welfare state*, Chicago:

The University of Chicago Press, 2001.

[129] James Wooten, *The Employee Retirement Income Security Act of 1974: A Political History (California/Milbank Books on Health and the Public)*, University of California Press, 2005.

[130] J Berryman, *Remedies: issues and perspectives*, Carswell Legal Pubns, 1991.

[131] John A. Turner, *Pension Policy: The Search for Better Solutions*, Kalamazoo: W. E. Upjohn Institute, 2009: 83.

[132] Jens Kirchner, Pascal R. Kremp, Michael Magotsch, *Key Aspects of German Employment and Labour Law*, Berlin Heidelberg: Springer-Verlag, 2010.

[133] James Wooten, *The Employee Retirement Income Security Act of 1974: A Political History (California/Milbank Books on Health and the Public)*, University of California Press, 2005.

[134] Kirk Mann, *Approaching retirement: Social divisions, welfare and exclusion*, Policy Press, 2001.

[135] Katrin Sabrowski, *Konzepte der Alterssicherung zur Ergänzung der gesetzlichen Rentenversicherung: Eine Untersuchung unter besonderer Berücksichtigung der betrieblichen Altersversorgung*, Saarbrücken: Vdm Verlag, 2007.

[136] Mark Tushnet, *Weak Courts, Strong Rights: Judicial Review and Social Welfare Rights in Comparative Constitutional Law*, Princeton University Press, 2009.

[137] Martin Schludi, *The Reform of Bismarckian Pension Systems: A Comparison of Pension Politics in Austria, France, Germany, Italy and Sweden*, Amsterdam University Press, 2005.

[138] Martin Neil Baily, Jacob Funk Kirkegard, *US Pension Reform: Lessons from Other Countries*, Peterson Institute for International Economics, 2009.

[139] Malcolm Langford, *Social Rights Jurisprudence Emerging Trends in International and Comparative Law*, New York: Cambridge University Press, 2009.

[140] Mitchell, Olivia S. Anderson, Gary, *The Future of Public Em-*

ployee Retirement Systems, New York: Oxford University Press, 2009.

[141] Nicholas Barr, Peter Diamond, *Reforming Pensions: Principles and Policy Choices*, New York: Oxford University Press, 2008.

[142] Nicholas Rescher, *Fairness: Theory & Practice of Distributive Justice*, Transaction Publishers, 2002.

[143] Nicholas Barr, Peter Diamond, *Pension Reform: A Short Guide*, 2008.

[144] National Academy of Social Insurance (U. S.), Peter Edelman, Dallas L. Salisbury, et al, *The Future of Social Insurance: Incremental Action or Fundamental Reform*, Washington, D. C. : Brookings Inst Pr, 2002.

[145] OECD Organisation for Economic Co-operation and Development, *Protecting Pensions: Policy Analysis and Examples from OECD Countries*, OECD Publishing, 2007.

[146] OECD, *Pensions at a Glance* 2011: *Retirement-income Systems in OECD and G20 Countries*, Paris: OECD Publishing, 2011.

[147] OECD, *OECD Economic Surveys: Denmark* 2012, Paris: OECD Publishing, 2012.

[148] OECD, *Pensions at a Glance* 2011: *Pensionable Age and Life Expectancy*, 1950 – 2050, Paris: OECD Publishing, 2011.

[149] OECD, *OECD Tax Policy Studies Choosing a Broad Base-Low Rate Approach to Taxation*, Paris: OECD Publishing, 2010.

[150] Patrick J. Cihon, James Ottavio Castagnera, *Employment & Labor Law*, 7th. South-Western College West, 2010.

[151] Robert Holzmann, Richard Hinz, *Old-Age Income Support in the 21st Century: An International Perspective on Pension Systems and Reform (Trade and Development)*, Washington DC: World Bank Publications, 2005.

[152] Robert von Steinau-Steinrück, Nicky ten Bokum, Tom Flanagan, et al, *Age Discrimination: Law in Europe (European Labor Law in Practice)*, Alphen Den Rijn: Kluwer Law International, 2009.

[153] Roger Blanpain, *European Labour Law*, Alphen Den Rijn: Kluwer Law International, 2010.

[154] Robert Louis Clark, Lee Allan Craig, Jack W. Wilson, *A history*

of public sector pensions in the United States, Philadelphia: University of Pennsylvania Press, 2003.

[155] *Social Security Administration* (*U. S.*). *Social Security Programs Throughout the World: Europe*, 2010, Washington. DC: US Independent Agencies and Commissions, 2010.

[156] S Gurusamy, *Financial Services*, 2nd ed, Noida: Tata Mcgraw Hill, 2009.

[157] T. H. Marshall, *Citizenship and Social Class*, Pluto: 1992.

[158] Vito Tanzi, *Government versus Markets: The Changing Economic Role of the State*, Cambridge: Cambridge University Press, 2011.

[159] World Bank, *Averting the Old Age Crisis: Policies to Protect the Old and Promote Growth*, New York: Oxford University Press, 1994.

[160] Y. Gai, J. Cottrell, *Economic, Social and Cultural Rights in Practice*, Commonwealth Secretariat, 2004.

四　外文论文

[161] Amy B. Monahan, "Public Pension Plan Reform: The Legal Framework", *Education Finance and Policy*, Vol.5, No.4, 2010.

[162] Aoife Nolan, Bruce Porter, Malcolm Langford, "The Justiciability of Social and Economic Rights: An Updated Appraisal", *CHRGJ Working Paper*, 2010.

[163] Benjamin A. Templin, "Social Security Reform: Should the Retirement Age be Increased? ", *Oregon Law Review*, Vol.89, 2011.

[164] Craig Copeland, "Retirement Plan Participation: Survey of Income and Program Participation (SIPP)", *EBRI Notes*, Vol.31, No.11, 2010.

[165] Charles D. Coleman, "Is Mandatory Employment Arbitration Living Up To Its Expectations? A View From The Employer's Perspective", *ABA J. Lab. & Emp. L*, Vol.25, 2010.

[166] David Dorn, Alfonso Sousa-Poza, "Cesifoearly Retirement: Free Choice Or Forced Decision? ", *CESIFO WORKING PAPER*, Vol. 1542, 2005.

[167] Elizabeth Jean Shilton, " Gifts or Rights? A Legal History of Em-

ployment Pension Plans in Canada", *University of Toronto*, 2011.

[168] F. Spencer Baldwin, "Old Age Pension Schemes: A Criticism and a Program", *Quarterly Journal Of Economics*, Vol. 24, No. 4, 1910.

[169] Frederick, S., Loewenstein, G., O'Donoghue, T, "Time discounting and time preference: A critical review", *Journal of Economic Literature*, Vol. 40, 2002.

[170] Geoff Budlender, "Access to Courts", South African Law Journal, Vol. 121, 2004.

[171] George Lee Flint, Jr., "ERISA: Jury Trial Mandated for Benefit Claims Actions", *Loyola of Los Angeles Law Review*, Vol. 2, No. 2, 1992.

[172] George Lee Flint, Jr., Philip W. Moore, Jr, "ERISA: a co-fiduciary has no right to contribution and indemnity", *South Dakota Law Review*, Vol. 48, No. 7, 2003.

[173] Investment Company Institute, "A Look at Private-Sector Retirement Income After ERISA", *Research Perspective*, Vol. 11, No. 16, 2010.

[174] Jay Conison, "Foundations of the Common Law of Plans", *Depaul L. Rev.*, *Vol.* 41, 1992.

[175] Joanna N. Lahey, "International Comparison of Age Discrimination Laws", *Research on Aging*, Vol. 32, No. 6, 2010.

[176] James Hanlon, "Pensions integration in the European Union", *E. L. Rev.*, Vol. 29, No. 1, 2004.

[177] Joseph E. Slater, "Public Sector Labor in the Age of Obama", *Indiana Law Journal*, Vol. 87, No. 1, 2011.

[178] Jérôme Bourdieu, Lionel Kesztenbaumδ, Gilles Postel-Vinayν, "Pensions or savings? Ageing in France at the turn of the century", *Research Unit Working Papers*, Vol. 0802, 2008.

[179] Kathryn L. Moore, "An overview of the U. S. retirement income security system and the principles and values it reflects", *Comparative Labor Law and Policy Journal*, Vol. 33, 2011.

[180] Ken Dychtwald, Tamara Erickson, Bob Morison, "It's Time to Retire Retirement", *Harvard Business Review*, Vol. 3, 2004.

[181] Luis María Díez-Picazo, Marie-Claire Ponthoreau, "The constitu-

tional protection of social rights: some comparative remarks", *European University Institute: EUI working paper law*, Vol. 20, 1991.

[182] Mark Eric Butt, Julia Kübert, Christiane Anne Schultz, "Fundamental Social Rights In Europe", *Social Affairs Series*, Vol. 2, 2002.

[183] Manfred Weiss, "The Interface Between Constitution And Labor Law In Germany", *Comparative Labor Law Journal*, Vol. 26, No. 2, 2005.

[184] Melissa A. Z. Knoll, "The Role of Behavioral Economics and Behavioral Decision Making in Americans' Retirement Savings Decisions", *Social Security Bulletin*, Vol. 70, No. 4, 2010.

[185] Monika Bütler, Federica Teppa, "The Choice between an Annuity and a Lump-Sum: Results from Swiss Pension Funds", *Journal of Public Economics*, Vol. 9, 2007.

[186] Pablo Antolin, Colin Pugh, Fiona Stewart, "Forms of Benefit Payment at Retirement", *OECD Working Papers on Insurance and Private Pensions*, Vol. 26, 2008.

[187] Patricia E. Dilley, "The Evolution of Entitlement: Retirement Income and the Problem of Integrating Private Pensions and Social Security", *Loyola of Los Angeles Law Review*, Vol. 30, No. 3, 1997.

[188] Peter K. Stris, Victor A. O'Connell, "ENFORCING ERISA", *South Dakota Law Review*, 2011.

[189] Svejnar, Jan, "Microeconomic Issues in the Transition to a Market Economy", *Economic Perspectives*, Vol. 5, No. 4, 1991.

[190] Sunita Kikeri, "Privatization and Labor: What Happens to Workers when Governments Divest?", *World Bank-Technical Papers*, 1997.

[191] Stewart, F., J. Yermo, "Pension Fund Governance: Challenges and Potential Solutions", *OECD Working Papers on Insurance and Private Pensions*, Vol. 18, 2008.

[192] 鵜養幸雄, "「公務員」という言葉", 立命館法学, 2009 (5・6).

[193] 坂本純一, "Demographic Aging and Japan's Public Pension System", *Nomura Research Institute*, Vol. 4, 2009.

后　记

本书系在我的博士论文基础上修改而成。

回想起来，博士学位论文的写作也许真的可以视为一种涅槃的过程，搁笔之际，暂停思绪片刻，但是随之而来的是更多的思考与踌躇：压力似乎越加大了，行文中存在隐隐的遗憾，不知何时能够完全解决，到底退休法律制度的建构是否会对退休者的权益保护产生积极的影响，种种心绪在暂时停笔之后却如潮水般袭来，甚至联想到知识分子的使命等沉重的议题。而回头来看，之所以会有如此这般复杂的想法，大概与自己求好的愿望紧密相连。从论文的选题开始，我就担心是否具有对于该论题的驾驭能力，然而尊敬的导师冯彦君教授一直鼓励我，并且在确定提纲、具体写作、修改的过程中，无论是逻辑架构还是语言使用，不惜花费大量的时间，反复推敲、字斟句酌，让我感受到了做学问应有的无比严谨的态度以及对学术负责的精神；也让我这个年轻教师看到了名师具有的师德与师风，明确了自己未来努力的方向。老师的治学风格、教育方法、自身修为已经成为我终生追求的目标，无法用尽语言表达自己对于老师的感激与敬仰，只希望以后能够在学术上有所建树，用实际行动报答老师的关怀与鼓励。

从论文写作直至本书付梓的过程中，感谢吉林大学法学院经济法导师组各位导师对我的指导，感谢长春理工大学法学院、延边大学法学院的各位领导、同事给予我的帮助。

感恩我的父母为我创造了优越的环境与条件，一如既往地支持我；当我偶有意志消沉之时，第一时间鼓励我，让我没有任何后顾之忧，可以全身心投入写作中去，此生无以回报者，乃父母无私之心。感动于我的爱人王鹏先生执吾之手，乌飞兔走，瞬息光阴，与之偕坐在炉边，取下这本书来，亦可慢慢读着，追梦当年的眼神。欣喜于爱女王若溪小朋友甲午年正月出生，快乐健康成长。家作为坚强有力的后盾，为我提供了精神与物质的双重支持，保证了此书能够按时完成。本书代表了我的学术研究之路伊始，即使这条道路未来会遇到困境与障碍，然而只要想起曾经得到过许多人的支持与帮助，那么战胜困难的心就会更加温暖，更加坚定。

张凌竹

2015 年 4 月于吉林省长春市家中